Vivir en Plenitud

El verdadero sentido de la existencia humana

Jenaro Bahamondes Urrutia

Vivir en plenitud
© 2025 Jenaro Bahamondes Urrutia. Reservado todos los derechos.

No se autoriza la reproducción de este libro ni partes de este en forma alguna, ni tampoco que sea archivado en un sistema de almacenamiento de información o transmitido por algún medio (electrónico, mecánico, fotocopia, grabación u otro) sin permiso previo del autor y sus editores.

Publicado por:
Christian Editing Publishing House
Miami, Florida
ChristianEditing.com

Las referencias bíblicas fueron tomadas según se indica en el texto.

Cubierta y diseño interior: Yuliany Sanquin
ISBN: 979-8-9908241-8-8
Categoría: Vida cristiana.

Dedicatoria

Para el regalo más hermoso que he recibido, Dorka, mi esposa; mis tres hijos y mis seis nietos.

Para mi otra familia, la más numerosa, la iglesia de nuestro Señor Jesucristo. Mi corazón está lleno de gratitud por servir en ella durante toda mi vida.

Para cualquier persona, donde quiera que se encuentre, que desee practicar el arte de vivir en plenitud.

Palabras del Editor

Nos complace recomendar al lector *Vivir en plenitud*, obra del reconocido ministro cristiano chileno Jenaro Bahamondes Urrutia.

Autor de varios libros de gran autoridad acerca del liderazgo cristiano y otros temas, el pastor Bahamondes nos presenta ahora este cardinal texto sobre las bases en que descansa una vida verdadera.

Para Bahamondes, los parámetros o modelos para alcanzar una existencia abundante no son los acostumbrados, o los que algunos quizás tengan preconcebidos. Se necesita un derrotero, una aptitud, un propósito.

¿Cuál es esa vida extraordinaria a la que nos invita Dios? ¿Dónde está? ¿Cómo se consigue?

Biblia en mano, para que no queden dudas de sus argumentos, Bahamondes hace un gran recorrido por los elementos equivocados del ser humano a través de su búsqueda de toda la vida, para mostrarnos en detalle el verdadero sentido de la existencia y qué hacer para encontrarlo. Algo que nos permitirá vivir en plenitud.

Me llama particularmente la atención que se trata de una obra que apunta a los jóvenes, a pesar de lo difícil que es para esta generación escaparse de los sentidos, la vanidad, lo superficial y mundano. No hay que esperar a la sabiduría de los años para alcanzar una vida plena. Es algo que todos podemos conseguir aquí y ahora.

Para CHRISTIAN EDITING es un privilegio publicar este volumen fundamental de la vida cristiana.

Jorge Julio Gonzalez
Editor General
Christian Editing Publishing House

Prólogo

Lo queramos aceptar o no, la existencia del hombre da cuenta de una constante búsqueda de la felicidad y el bienestar.

Independiente de cuál sea la cultura, la civilización y el momento o contexto del que se trate, en la historia siempre ha sido, es y será igual; ello, porque ese anhelo se encuentra escrito en nuestro código más profundo. Sin ir más lejos, la Declaración de Independencia de los Estados Unidos consagra el "derecho a la búsqueda de la felicidad" como un derecho inalienable a la condición del ser humano. Otras sociedades quizás no llegan a tal nivel de explicitud, sin embargo, aún de manera implícita promueven alguna visión del postulado, eso sí, derivando habitualmente dicha búsqueda de la felicidad por los caminos del placer, el reconocimiento público, la acumulación de riquezas o el consumo de bienes y servicios; siempre con un resultado en gran medida insatisfactorio y vacío.

Porque estaremos de acuerdo en que buena parte de las vivencias que enfrentamos en lo cotidiano corren el riesgo de resultar en vanidad y aflicción de espíritu, cuando la búsqueda de satisfacción transita por la ruta errada. Y es que, pese a que a dicha búsqueda se le ofrece siempre más de un camino, sólo uno nos conduce a una vida plena, y es precisamente esto lo que logra establecer este libro.

En sus páginas el autor explora con notable claridad aquellos aspectos necesarios de observar a la hora de procurar el estado de plenitud existencial, abordando tópicos que empíricamente han demostrado su alto valor trascendente.

Constituye entonces el presente documento no sólo un texto literario y analítico, sino también un relato experiencial en lenguaje de fácil comprensión, una carta de navegación para alcanzar el potencial para el que hemos sido creados. Porque no sólo somos llamados a existir y sobrevivir, sino que hemos sido diseñados para alcanzar una vida en abundancia.

He de confesar en este punto que el escritor de esta obra es mi padre, y si bien bajo otras circunstancias ello podría invalidar la percepción de quien suscribe, en mi caso ocurre lo contrario, ya que de primera fuente he podido ser testigo por años del resultado práctico de cada uno de los contenidos expuestos. Por ello también, al trabajar en la revisión del escrito y ser desafiado a realizar el presente prólogo, mi consentimiento fue automático y lleno de gozo.

Con dicho gozo, entonces, me permito presentar al lector esta obra, en la certeza de que contribuirá a muchos en su búsqueda del sentido trascendente de la vida; nos desafiará a avanzar hacia el siguiente nivel espiritual y pavimentará el camino hacia la vida plena que se ha proyectado para nosotros desde la eternidad.

Con amor,
Claudio Bahamondes Sobarzo
Trabajador Social.
Egresado de Magíster en Desarrollo Humano.
Hijo, hermano, esposo y papá.

Índice

Prólogo 7

Introducción 11

Capítulo 1
Punto de partida 17

Capítulo 2
Reconfiguración mental 33

Capítulo 3
Autodisciplina 47

Capítulo 4
Recurso limitado 59

Capítulo 5
Marcando la diferencia 75

Capítulo 6
Una contracultura 87

Capítulo 7
Un estilo de vida 101

Capítulo 8
Conexiones significativas 113

Capítulo 9
Perseverancia 127

Capítulo 10
La mejor inversión 139

Palabras finales 153

Carta a mi yo del pasado 155

Bibliografía recomendada........................ 157

Introducción

Este libro aborda principios bíblicos que han cambiado muchas vidas a través de generaciones, principios conectados a vivencias muy reales, como la que tuve aquel día de mi adolescencia cuando Dios salió a mi encuentro y me llevó a descubrir la respuesta a las tres grandes preguntas existenciales del ser humano: *¿De dónde vengo? ¿Quién soy? ¿A dónde voy?*

Ese fue el inicio de un viaje que me introdujo a un proceso de transformación que me ha llevado a entender la existencia desde otra dimensión, descubriendo el significado de una vida plena.

Partiendo de esa base, quiero platicar sobre el resultado del aprendizaje recibido a través de los años dedicados al liderazgo eclesial. Unos conceptos tal vez conocidos por muchos; sin embargo, como no todos asimilamos de la misma manera el conocimiento aprendido de otros, lo que le da autoridad y autenticidad a lo que decimos es el respaldo del testimonio. Por tal razón, lo que dejaré plasmado en cada capítulo de este trabajo es precisamente ese particular enfoque personal.

La idea es llevar al entendimiento aquellos principios que, por ser tan conocidos, paradojalmente llegan a ser poco apreciados. Dentro de este ámbito, cada uno de nosotros prestamos más o menos atención a determinados aspectos de la vida, en función del punto de vista de cada cual. Ya lo dijo el filósofo español José Ortega y Gasset (1883-1955) en su libro *Meditaciones del Quijote* (1914): "Yo soy yo y mi circunstancia". O sea, esa circunstancia es diferente para cada uno de nosotros. Por eso hablaré de la cotidianidad y cómo entenderla y aplicarla a nuestro favor desde la experiencia.

Somos la obra maestra de Dios, pero aún estamos en el proceso de construcción y perfeccionamiento. Dios en nosotros nos permite ir cambiando. Según las enseñanzas del sabio Salomón: *"La senda de los justos se asemeja a los primeros albores de la aurora: su esplendor va en aumento hasta que el día alcanza su plenitud"* (Proverbios 4:18, NVI). Como todavía no somos una obra terminada, el Creador día tras día va moldeando nuestro carácter, nos va dando los toques necesarios, a fin de que seamos el vaso que Él use para depositar la excelencia de su gracia y reflejemos la imagen de Cristo en el mundo. Pablo escribió, diciendo: *"...somos la obra maestra de Dios. Él nos creó en Cristo Jesús, a fin de que hagamos las cosas buenas que preparó para nosotros tiempos atrás"* (Efesios 2:10, NTV). En otro de sus escritos señala: *"Ahora tenemos esta luz que brilla en nuestro corazón, pero nosotros mismos somos como frágiles vasijas de barro que contienen este gran tesoro"* (2ª Corintios 4:7, NTV).

> *El propósito de Dios es que encontremos el camino correcto por el cual transitar aquí en la tierra; y, a la vez, Él desea que disfrutemos de este viaje.*

No siempre fui cristiano, aunque en mi niñez creía que lo era porque asistía a la "iglesia" regularmente y guardaba las reglas y fiestas religiosas, pero la verdad es que no sabía lo que era tener una relación personal

con Dios, ni mucho menos lo que era el nuevo nacimiento, hasta ese día que tuve un encuentro personal con Dios y Él cambió todo el enfoque de mi existencia. Eso significó romper con la tradición familiar y dejar viejos patrones religiosos que me mantenían atado a una rutina que no me desafiaba a nada y mucho menos satisfacía mi anhelo interior.

Como todo adolescente, me sentía vacío y con un sentimiento de incertidumbre acerca de mi futuro en un mundo complejo. Pero aquel día de marzo, teniendo tan solo dieciséis años, cuando Dios se me reveló de una manera tan auténtica, experimenté una transformación real y comencé esta relación íntima con el Señor que cambió mi perspectiva acerca de la vida. Entendí que Él estaba interesado en dirigirme, aun en los detalles más pequeños, y que a Él debía acudir y servirle en todo momento, y no solamente en aquellas circunstancias difíciles que yo no podía resolver por mí mismo.

Con millones de personas en mente que, como yo, encontraron el propósito de su existencia y decidieron romper paradigmas equivocados a fin de vivir plenamente, me embarqué en el desafío de escribir este libro, pues creo con firmeza que Dios tiene un plan maravilloso, completo y detallado, para cada uno de nosotros. Mas no todos alcanzan el cumplimiento de ese plan, porque la mayoría de las personas deciden seguir su propio camino.

Escribo también pensando en aquellos que se encuentran insatisfechos, atrapados en el pasado y cuyas vidas no tienen ningún sentido; lo hago con la esperanza de que, si este escrito llega a sus manos, al leerlo nazca en ellos la inspiración de vivir en plenitud. Tal vez digas "soy así y nunca voy a cambiar; lo he intentado, pero sin resultados"; pero eso no es verdad, Dios quiere que sepas que Él ha planeado para ti un propósito único y todo lo que necesitas es dejar que Él trabaje en tu vida.

¿Te gustaría acompañarme en esta exploración? Te desafío a que caminemos juntos a través de estas páginas. Es posible que en este caminar termines descubriendo la revelación de tu verdadera esencia.

No tenemos mucho tiempo, los años pasan más rápido de lo que nos imaginamos; por tanto, debemos aprender el arte de vivir en un estado de satisfacción o armonía duradera; de lo contrario, sólo nos habremos quedado con la experiencia de haber existido, quizás con intensidad, pero sin haber alcanzado una vida en verdad plena y permanente.

No estamos aquí en la tierra para que después en la eternidad recién podamos iniciar una vida plena. ¡No! El asunto es que ahora, aquí, aprendamos a vivir en esa dimensión de vida. Dios tiene un plan maravilloso, completo y detallado para cada uno de nosotros que nos conducirá a una vida abundante.

A medida que avances en estas páginas, encontrarás experiencias y herramientas que te ayudarán a sentir la verdadera espiritualidad, que conduce a disfrutar de la vida conforme lo que dice Pablo al escribirle a los discípulos de Roma: "*...nuestra victoria es absoluta por medio de Cristo, quien nos amó*" (Romanos 8:37, NTV). El propósito de Dios es que encontremos el camino correcto por el cual transitar aquí en la tierra; y, a la vez, Él desea que disfrutemos de este viaje.

Dios nos promete y nos asegura que vamos a tener una vida victoriosa, a pesar de las pruebas y luchas que podamos enfrentar. Vamos a encontrarnos con padecimientos, decepciones, desilusiones, depresiones, ansiedades, tristeza, pero en medio de todos estos desafíos Dios va a forjar en nosotros el temple de un vencedor. Son muchas las personas que sorteando obstáculos y tormentas no sólo existen, sino que experimentan el arte de vivir, disfrutando y comprobando cómo Dios revitaliza su alma, cuerpo y espíritu.

Mi deseo es desafiarte a experimentar la vivencia de encontrar tu propósito y redefinir tu camino, abrazando la dinámica de otra versión de la vida, disfrutando el hoy y el ahora, y también transformando cada día en una oportunidad para crecer y madurar en Cristo. Porque eres el resultado del eterno proyecto de Dios, y tu misión es continuar su obra magistral en la tierra, dejando un legado a las próximas generaciones. Este es el momento oportuno de iniciar tu camino hacia una vida en plenitud.

Capítulo 1
Punto de partida

Hace un tiempo conversaba con una persona que me relató que, en su juventud, mientras estudiaba en la universidad una carrera relacionada con la salud, en determinada asignatura usaban cadáveres para identificar los diferentes músculos, tendones, huesos y órganos del cuerpo humano. Fue en esas circunstancias, en que cuerpos sin vida estaban en la mesa de estudio, cuando se le hizo tan real lo que siempre se ha dicho, que nadie se lleva nada a la tumba y que las riquezas o títulos honoríficos o grados académicos o cosas similares no sirven de nada. Agregó que mientras veía cómo los cuerpos desnudos eran examinados por los estudiantes, hubo un punto de inflexión en todo lo que creía y pensaba. Esto lo llevó a cuestionar lo que había vivido y la cosmovisión que tenía del mundo, preguntándose: *¿cuál es el sentido de todo esto?*, o *¿cuál es el sentido real de la vida?* A partir de esta experiencia determinó buscar el valor de vivir de una manera más auténtica, disfrutando cada momento, dando importancia a lo trascendente y relativizando todo lo superfluo.

EL VACÍO DEL ALMA

Empecemos este capítulo afirmando que sí es posible alcanzar la plenitud de la vida, el sueño de una existencia plena que va más allá de la obtención de meros objetivos materiales y temporales.

El físico, filósofo y teólogo francés, Blaise Pascal acuñó una frase que engloba la idea de ese vacío existencial que el ser humano tiene dentro de sí y que se caracteriza por esa percepción de que la vida carece de propósito: "En el corazón de todo hombre existe un vacío que tiene forma de Dios". ¡Es verdad! El Creador es el único que puede brindarle al hombre el verdadero sentido de la vida cuando éste llega a tener una relación personal con Él. Por tanto, al hablar de una vida plena es fundamental incluir en la ecuación a Dios. Hay una enorme diferencia entre vivir con Dios y vivir sin Él.

Desde esta perspectiva, ese vacío existencial inherente al ser humano es un mecanismo espiritual que tiene un propósito: ser lleno de la presencia del Creador. Hay mucha gente que vive sin razón o sin propósito, y su existencia se limita a deambular sin sentido. Pero ¿se puede vivir de una manera plena? ¡Claro que sí! El asunto es que a menudo esto parece ser una utopía debido a la desconexión que se tiene con la Fuente de la Vida y a una comprensión equivocada de lo que significa una vida plena.

Desde el punto de vista psicológico, la realización de la vida es una experiencia integral y profunda que involucra un necesario equilibrio emocional, espiritual y social en la persona. Los estudios realizados acerca de la mente humana enseñan que el propósito y sentido de la vida es una de las bases de la raíz del bienestar del ser humano, lo que permite tener una perspectiva equilibrada y realista de nosotros mismos, de nuestra relación con el entorno, así como también la capacidad de tomar decisiones saludables frente a los desafíos que se nos presentan. Ese sentido de propósito nos conduce a una vida de plenitud, desde donde las luchas y desafíos no se ven como obstáculos, sino como oportunidades para crecer y desarrollar nuestro carácter.

Lo que la psicología enseña sólo viene a confirmar lo que las Escrituras ya han revelado de cómo Dios nos ha creado con un propósito y que su presencia en nosotros puede transformar nuestra vida y llevarnos al más alto nivel espiritual. El apóstol Pablo dice: *"Dios nos escogió en él antes de la creación del mundo, para que seamos santos y sin mancha delante de él. En amor nos predestinó para ser adoptados como hijos suyos por medio de Jesucristo, según el buen propósito de su voluntad"* (Efesios 1:4-5, NVI).

Ahora bien, debido a que el ser humano ha dejado a Dios a un lado, escogiendo vivir de una manera independiente, es común encontrarnos con personas cuyas vidas no tienen sentido, aun cuando puedan tener estabilidad económica, fama y gozar de ciertos placeres momentáneos. Cuando Dios no está presente en nosotros la vida pierde toda razón de ser y se transforma en una existencia sin propósito y sin sentido de dirección. La vida plena implica más que meramente existir; más bien, está en directa relación con el plan diseñado por el Creador para cada persona.

Nuestro problema para aceptar esta verdad puede originarse por una imagen distorsionada acerca de Dios. A veces, nuestro inconsciente tiene la idea de un Dios severo y castigador, pensamiento que tiene su origen en un modelo teológico errado que hemos heredado de la tradición religiosa. En otros casos, no aceptamos esta realidad porque lisa y llanamente no se cree en Dios y se le deja fuera de nuestra concepción lógica, bajo el supuesto de que el ser humano no es nada más que un animal con una inteligencia superior, como lo definió Platón: "Un animal bípedo sin plumas"; o un conjunto de materia cuyo fin último es ser abono para la tierra.

Recuerdo que una de las verdades más emocionantes que descubrí cuando tuve mi encuentro inicial con Dios fue que Él anhelaba manifestarse como un padre de amor. Sin embargo, no me fue fácil aceptar la idea de Dios como un padre, debido a que en mis patrones mentales tenía el diseño de un progenitor ausente y castigador. Pero esa especial intervención de la gracia divina me hizo visualizar a Dios como un padre bueno, y entendí que deseaba de mí un compromiso total a su servicio, pero que aquello era una respuesta voluntaria de mi parte a su gran amor. Al pensar en esto, cuán real se me hacen las palabras del profeta de antaño: "*...Yo te he amado con amor eterno; por eso te sigo tratando con bondad*" (Jeremías 31:3, DHH).

Si Dios nos amó lo suficiente como para permitir que su Hijo Jesucristo muriera por nosotros, con el fin de darnos vida eterna, ¿cómo no vamos a creer que Él tiene para nuestras vidas planes mucho mejores que aquellos que podemos lograr por nosotros mismos? De hecho, el escritor bíblico trasmitió de parte de Dios: "*...yo sé los planes que tengo para ustedes, dice el Señor. Son planes para lo bueno y no para lo malo, para darles un futuro y una esperanza*" (Jeremías 29:11, NTV). ¡Esta es una promesa maravillosa que en la mayoría de los casos pasamos por alto! ¿Sabías que fuimos creados por Dios no para que vivamos derrotados o en la mediocridad, sino porque Él tiene un diseño prometedor para cada uno de nosotros?

Recientemente, conversando con uno de mis hijos acerca de nuestra familia, concordamos en que: "Todo lo que somos ha sido sólo por la gracia de Dios". ¡Qué tremenda verdad! Todo ha sido un regalo, porque Él desea para nosotros lo mejor. Nuestra historia familiar y ministerial ha sido todo un viaje de aprendizaje a lo largo de las diferentes etapas de la vida, donde han estado presente diferentes experiencias, entre luces y sombras, pero dentro de esa dinámica los valores que se derivan de nuestra relación con Dios han sido el soporte que nos ha sostenido para llegar a sentirnos plenos. Hoy, a esta altura de mi vida, sólo me resta tener una gratitud infinita a Dios; me siento una persona realizada, haciendo aquello que llena mi corazón de satisfacción.

Allí está la clave. Esta vida abundante se inicia con una relación profunda con Dios cuando tenemos un encuentro con Él a través de Jesucristo.

Podemos tener la confianza de que Dios tiene poder para guiarnos a disfrutar de esa vida a la que Jesús se refirió cuando dijo: *"...mi propósito es darles una vida plena y abundante"* (Juan 10:10, NTV). Jesús menciona una existencia mucho mejor de la que podríamos imaginarnos. Él nunca dijo: Yo he venido a traerles una nueva religión; lo que dijo fue: *"He venido a darles una vida plena y abundante"*.

La vida en abundancia a la que Jesús se refiere no apunta a riquezas y bienestar material. Tampoco trata de aquellas fórmulas que ensalzan algunos motivadores, ofreciendo cinco o seis pasos para obtener éxito de una manera rápida y conseguir lo que queremos ahora y ya. Menos aún Jesús hace referencia a una existencia sin problemas, carente de dificultades y sufrimientos; se enfoca más bien en encontrar el sentido de nuestra vida, disfrutando cada momento en paz interior, alegría y gratitud a pesar de las circunstancias que pudieran rodearnos, proyectándonos más allá de la dimensión inmediata y terrenal.

TODO SE INICIA EN DIOS

Hace poco fui junto a otra persona a visitar a una dama que conocemos desde hace unos años y que actualmente se encuentra postrada en cama producto de un severo cáncer que le aqueja. Al entrar a su habitación pensamos que íbamos a encontrarnos con una mujer quejumbrosa, lamentándose por la difícil situación que está pasando, pero esa tarde ella nos dio una gran lección. Era consciente de la enfermedad y los dolores evidentes, sin embargo, en su rostro reflejaba una sensación de paz increíble y aceptación de la realidad sin resistencia. Habíamos ido con la intención de animarle, pero por el contrario nosotros salimos de ahí reconfortados, recordándonos que luchar contra situaciones difíciles que son parte inherente de la vida misma, como una enfermedad terminal, no nos impide encontrar paz y plenitud. Ella encontró ese estándar de vida porque confiaba plenamente en Dios.

Allí está la clave. Esta vida abundante se inicia con una relación profunda con Dios cuando tenemos un encuentro con Él a través de Jesucristo. ¿Cómo se logra esto? Sencillamente, cuando nos arrepentimos y confesamos nuestros pecados logramos tener comunión con Dios, y es a partir de esa relación que entramos a un nuevo capítulo de nuestra existencia, pasando de una vida carente de propósito a un proceso que nos lleva a una vida abundante. El apóstol Juan dice: *"El que tiene al Hijo tiene la vida; el que no tiene al Hijo de Dios no tiene la vida"* (1ª. Juan 5:12, NTV). Parafraseando estas palabras podemos decir que si dejamos a Dios fuera de nuestras decisiones lo que nos queda es una vida con un vacío existencial y sin propósito.

¡Qué maravilla! Por favor, ¡piensa en esto! Lo que estoy a punto de compartir es que Dios en la eternidad pensó en nosotros y ha trazado un plan mayor que el solo hecho de existir. Tú, yo, todos hemos nacido con el propósito de realizar algo único y especial. A pesar de las circunstancias que rodearon nuestro nacimiento y de quienes hayan sido nuestros progenitores, Dios permitió que existiéramos. Esto fue lo que aprendió un joven judío llamado Jeremías que vivió la época del exilio de su pueblo en Babilonia. A él Dios le dijo: *"Antes de formarte en el vientre, yo te había elegido; antes de que nacieras, ya te había apartado, te había nombrado profeta para las naciones"* (Jeremías 1:5, NVI).

Lo maravilloso de todo esto es que somos seres únicos e irrepetibles. No ha existido ni existirá otro igual a nosotros con las mismas características cognitivas, afectivas y con las mismas capacidades y competencias. Recordar esta verdad acerca de nosotros mismos implica lo crucial que es descubrir el propósito y significado de nuestras vidas, que trascienden más allá de lo simplemente temporal y material.

Lo triste es que los seres humanos que están desconectados de Dios se encuentran vacíos, tratando de llenar esa necesidad existencial con diversos estímulos externos que no logran satisfacerlos y, de ese modo, siguen cautivos a la preocupación, al afán y la ansiedad, sin obtener la plenitud de la vida, porque los vacíos del ser no se llenan con el tener. La solución se encuentra en Dios, Él desea saciar la sed de nuestra alma, proveernos dirección e iluminar los lugares más oscuros de nuestro interior.

¿Recuerdas la historia del australiano Nick Vujicic? ¡Imagino que sí! Es un ejemplo extraordinario de cómo una persona que nace con inmensos problemas físicos puede encontrar la plenitud de la vida. Ha logrado dos carreras universitarias, casarse, tener cuatro hijos y llegar a ser uno de los oradores motivacionales más exitosos del mundo, que ha inspirado a millones de personas con su maravillosa historia de vida. Nick entendió que, aunque nació sin brazos y sin piernas, su vida tenía una razón de ser en la tierra. Su testimonio ha tocado a miles de personas en el mundo. Nick ha encontrado la plenitud de la vida porque Dios llenó su existencia de valor y propósito. En cambio, otros, que han nacido bajo circunstancias mucho más favorables sólo subsisten y pasan por la vida como autómatas.

El apóstol Pablo, al escribirle a los discípulos de Colosas, les dice: *"Mirad que nadie os engañe por medio de filosofías y huecas sutilezas, según las tradiciones de los hombres, conforme a los rudimentos del mundo, y no según Cristo. Porque en él habita toda la plenitud de la Deidad, y vosotros estáis completos en él..."* (Colosenses 2:8-10, RVR60).

En este texto Pablo hace referencia a una vida anclada en Cristo. Pero para captar la dimensión de lo que el apóstol nos desea transmitir, observemos el significado de la palabra *plenitud*. En el idioma griego la raíz de la palabra plenitud es *pléroma*, que denota algo que fue completado. Siguiendo la misma idea, la Real Academia Española señala que plenitud es "totalidad, integridad o cualidad de pleno o lleno". De manera que, en el contexto del versículo analizado, una vida plena es aquella que se encuentra completa y plena en Cristo, satisfecha a través de una relación íntima con Él y, por consecuencia, está en el lugar donde debe estar y haciendo aquello para lo cual ha sido diseñada. Una relación como la que Nick Vujicic ha cultivado con Dios nos conduce inevitablemente a una vida plena. Nada nos hace estar más llenos y satisfechos que sentirnos amados por nuestro Creador y vivir en su voluntad.

El punto clave, como lo expresé anteriormente, es que Dios tiene para cada uno de nosotros un propósito específico. Estamos en la tierra para contribuir con algo único y este es el más alto honor que tenemos: hacer lo que Él ha determinado que hagamos. Dios desea lo mejor para ti y por esta razón desea guiarte a su perfecta voluntad. No obstante, la mayoría de las personas están confundidas acerca de lo que significa ser guiados por Dios; no saben cómo opera esto. En ocasiones, simplemente por no creer, su incredulidad les deja imposibilitados de aceptar esta verdad; en otros casos, porque creen que es algo místico reservado para algunos creyentes "más espirituales", cuando, en efecto, se trata de una experiencia para personas como tú y yo, personas que han entrado en una relación con Dios y que por tal motivo pueden ser guiados en la dirección precisa y perfecta para sus vidas.

LA BRÚJULA QUE ORIENTA NUESTROS PASOS

Dios desea comunicarse con nosotros a través de una relación personal y cercana. Esta es la máxima experiencia que podemos tener como seres humanos. Hay diversas formas que Dios usa para hablarnos; una de ellas es nuestra conciencia, que se define como aquella voz interior de Dios que aprueba o desaprueba nuestra conducta. En otras ocasiones podemos oír su voz dirigiéndonos una palabra clara, que llega como una impresión a nuestro espíritu. Pero su revelación máxima a nosotros es por medio de su Palabra escrita, la Biblia. Es a través de las Escrituras que Dios nos habla y recibimos una confirmación o certeza de su plan. Uno de los mayores errores que podemos cometer es vivir sin consultar a Dios, quien tiene el poder y la sabiduría para guiarnos. Nosotros ni siquiera sabemos lo que va a pasar mañana, pero Dios conoce lo que va a ocurrir dentro de la eternidad.

Las Escrituras son como la brújula que orienta nuestros pasos, asegurándonos de que estamos en el camino correcto. Algunas personas se basan en los sentimientos para tomar las decisiones con las que se enfrentan diariamente. Hoy se encuentra de moda la frase: "escucha tu corazón", pero como nuestros sentimientos son fluctuantes y fallan, no constituyen la mejor herramienta para guiarnos en el viaje de la vida. Otros se guían sobre la base de lo que le puedan señalar sus amigos; este también es un mecanismo incierto, pues la opinión de otro ser humano falible nos puede conducir a una dirección equivocada. Así como éstas, hay otras voces que llegan a nuestra mente, pero la mejor brújula que nos guía a una vida plena es la Palabra de Dios, ella nos produce una total seguridad.

El salmista dice: *"Tu palabra es una lámpara que guía mis pies y una luz para mi camino"* (Salmo 119:105, NTV). Esta es una hermosa metáfora que nos ayuda a entender lo que significa para nosotros la Palabra de Dios. Meditar en ella y llevarla a la práctica permitirá que avancemos seguros en el sendero de la vida, tomando decisiones correctas. De manera que todo aquel que desea ser guiado por Dios debe ser un lector y estudioso de su Palabra; esto es relevante, pues cualquier otro medio por el cual Dios nos pueda hablar y guiar deberá estar en sintonía con su Palabra escrita.

Ahora bien, también es importante reconocer que en las Escrituras Dios no se pronuncia en detalle sobre aspectos concretos de nuestra cotidianidad, como qué carrera vamos a estudiar, dónde viviremos, o con quién nos casaremos; pero a través del conocimiento de su Palabra escrita, de la guía de su Espíritu Santo y de la sabiduría de la que nos provee, nos protegerá de tomar decisiones equivocadas. Por consiguiente, si queremos que Dios nos guíe, la primera tarea a realizar es transformarnos en lectores regulares de su Palabra, la Biblia. Al respecto, y a modo de ejemplo, me permito recomendarte el libro de Proverbios, el cual es un manantial prolífico de sabios consejos para nuestras vidas.

En mi caso personal, hace ya muchos años, equivocadamente dirigía mi vida a mi manera, no considerando más que mi propia opinión. Tenía suficiente conocimiento de la tradición religiosa, pero desconocía lo que era tener una relación personal con Dios. Pero un día escuché que Él tenía un plan mejor para mí; su gracia me hizo entender que deseaba que le entregara mi corazón, mis sueños, mi futuro, e impregnó en mí retos que nunca había imaginado. Ahí inicié este camino de fe y relación íntima con Dios, haciendo de Él el Señor de mi vida. El primer gran paso que di fue arrepentirme ante Dios por haber intentado vivir a mi manera. En ese instante sentí sus brazos de amor rodeándome con aquella dulzura que jamás había experimentado.

Luego, a través de la lectura de las Escrituras, descubrí que Dios me amaba de manera incondicional y, más aún, pude aprender la forma de conocerlo y vivir la vida cristiana. Aún tengo en mi mente algunas imágenes vividas en dicho proceso, como cuando pude sentir que Él tomó mi mano como un Padre amoroso y me llamó diciendo: "vamos adelante, te llevaré en la dirección correcta". Cuando oí su llamado, todo mi ser se impregnó de esa pasión irresistible por seguirle y hacer su obra. Esta vivencia fue tan real como si el Señor mismo estuviera hablándome directamente y mostrándome la senda por la cual debía andar.

¿Qué pasaría con tu vida si realmente creyeras que Dios desea lo mejor para ti? ¿Qué tal si consideraras a Dios como un Padre bueno y generoso que desea que tengas la mejor vida? ¿Estarías dispuesto a rendir a Él todo lo que eres y lo que tienes? Si no lo has hecho, te sugiero que dejes la lectura de este texto a un lado por unos momentos y hagas con honestidad esta oración:

> *Señor, te pido perdón por haber vivido lejos de ti haciendo mi voluntad, pero hoy deseo consagrar a ti toda mi vida, todo lo que soy y todo lo que tengo o lo que alguna vez espero tener; todo es tuyo amado Señor. Perdóname y úsame conforme a tu voluntad, guíame y cambia el rumbo de mi existencia. Desde ahora deseo ser un auténtico seguidor tuyo.*

Después de hacer esta oración declara con tus labios:

> *Dios me ama, me ha perdonado, está a mi lado y desea lo mejor para mí.*

Hacer esta declaración es un ejercicio espiritual enriquecedor; por eso, Pablo dice: "*Si declaras abiertamente que Jesús es el Señor y crees en tu corazón que Dios lo levantó de los muertos, serás salvo. Pues es por creer en tu corazón que eres hecho justo a los ojos de Dios y es por declarar abiertamente tu fe que eres salvo*" (Romanos 10:9-10, NTV).

Mantener una buena relación con Dios, dejándose guiar por Él, es el camino para vivir en plenitud. Dios siempre ha buscado a hombres y mujeres que le digan de manera sincera: "Señor, confío en ti, deseo vivir en tu voluntad no en la mía, porque reconozco y acepto que tus planes son mejores que los míos". Cuando damos este paso nuestra vida nunca más

será la misma. Esto transforma todo lo que somos, nos llena de paz, seguridad y, sobre todo, nos da una perspectiva correcta de la eternidad.

Fue lo que ocurrió con Saulo de Tarso, el perseguidor de la iglesia en el primer siglo. En su osado acoso a los cristianos marchaba rumbo a Damasco, cuando tuvo una revelación gloriosa que le permitió tener un encuentro personal con el Cristo glorificado. Cayó de su cabalgadura, rendido completamente a los pies de aquel a quien perseguía. El historiador Lucas relata el suceso en el capítulo nueve del libro Hechos de los Apóstoles.

La vida plena se inicia en nuestra relación con Dios y se refleja en un estado de equilibrio con nosotros mismos, con nuestra familia y con el medio que nos rodea. Una vida plena es más que vivir el aquí y el ahora, es una preparación para la eternidad.

Saulo pasó de ser un perseguidor de la iglesia a ser Pablo, el apóstol dedicado a llevar el mensaje de salvación al mundo. ¡Qué gran transformación para alguien que estaba dispuesto a matar cristianos! Jesús le dice: "ahora tu vida la voy a comenzar a dirigir yo y serás un instrumento escogido". Ese hombre sectario, lleno de odio, que buscaba la gloria personal, ahora es transformado y le sonríe a la vida, porque encuentra el verdadero propósito de su existencia.

Si nosotros hubiéramos sido compañeros de Saulo de Tarso, nos habría costado mucho entender la experiencia que tuvo, pero él sabía muy bien lo que Dios había hecho en su vida. Esto mismo es lo que les ha ocurrido a millones de personas a través del mundo, quizá no con tanto fuerza como le sucedió a Saulo, pero sí con la misma eficacia. Un encuentro con Cristo ha transformado sus vidas y ha cambiado su destino, encontrando lo mejor de Dios para sus existencias.

Recién participé en una reunión donde se le pidió a un joven que compartiera su testimonio, y en pocos minutos nos contó una historia que nos conmovió a todos los que estábamos allí. Comenzó diciendo que venía de un hogar totalmente disfuncional, con un padre dominante que a menudo lo golpeaba, y mientras nos abría su corazón nos contaba entre lágrimas que durante su niñez y adolescencia había sufrido todo tipo de maltratos y *bullying*. Todo esto lo llevó a rebelarse contra la vida, transformándose en una persona abusadora, adicta al alcohol y a todo tipo de drogas fuertes. Había estado en un centro de rehabilitación tratando de escapar de esa existencia que parecía hundirlo cada día más, pero nada había conseguido.

En su relato continuó diciendo: "Una persona cristiana comenzó a hablarme de la posibilidad de disfrutar de una vida distinta si le entregaba el control de mi vida a Cristo. En un principio no entendía nada de eso, hasta que me rendí por completo a Jesucristo y decidí servirle. Fue ahí cuando comencé a experimentar una limpieza interior, y ahora he sido libre de las drogas, del odio y del resentimiento y puedo mirar la vida de una manera diferente".

Tal cual esta persona, a pesar de las circunstancias difíciles por las que podamos pasar y que nos roban la tranquilidad, todos podemos experimentar una existencia que vale la pena si nos colocamos en el plano donde Dios desea que estemos.

La vida plena se inicia en nuestra relación con Dios y se refleja en un estado de equilibrio con nosotros mismos, con nuestra familia y con el medio que nos rodea. Una vida plena es más que vivir el aquí y el ahora, es una preparación para la eternidad.

Este es el desafío que deseo dejarte al terminar este capítulo: vive en la dimensión que Dios tiene planificada para tu vida. Alégrate, Dios ha planeado lo mejor para ti, porque eres su auténtica obra maestra. Él te diseñó con tal cuidado que te capacitó con dones, talentos, habilidades y todo lo indispensable para que seas un vencedor, le glorifiques y goces de su comunión para siempre.

"Oh, Señor, tú nos has creado para ti mismo y nuestros corazones están inquietos hasta que encuentren reposo en ti" (San Agustín).

… Capítulo 2

Reconfiguración mental

Nuestra mente es una de las creaciones más complejas y geniales que existe, es la fuente desde donde surgen nuestras decisiones, pensamientos y acciones. Pero como está influida profundamente por las circunstancias y experiencias que hemos ido adquiriendo a lo largo de la vida, requiere una reconfiguración si queremos abrir la puerta a una nueva forma de experimentar la vida. Si aspiramos a sacar a luz la mejor versión de nosotros mismos muchas veces es necesario que experimentemos una metamorfosis mental, porque ningún cambio ocurrirá en nosotros a menos que nuestros pensamientos cambien.

Los pensamientos controlan nuestra vida para bien o para mal, moldean quiénes somos y en quiénes nos convertiremos, pueden empujarnos hacia adelante en pos de una vida plena o arrastrarnos a una existencia de fracaso.

CAMBIA TU MENTE, CAMBIA TU VIDA

El Dr. Viktor Emil Frankl, filósofo, neurólogo y psiquiatra austriaco, quien sobrevivió a los campos de concentración de la Segunda Guerra Mundial, escribió el libro *Un hombre en busca de sentido*, una obra que deja impávido al lector. A través de sus páginas narra sus vivencias como prisionero y los horrores del holocausto nazi, colocando de manifiesto la importancia que tienen los pensamientos del ser humano para mantenerlo en pie ante las adversidades. Cansado, enfermo, trabajando hasta el límite de sus fuerzas, encontró fortaleza y pudo sobrevivir en medio de aquella dolorosa experiencia como prisionero. Su filosofía se asocia a la idea de que, aunque no se pueda cambiar una situación, se puede elegir la actitud que vamos a asumir ante ella. Él postuló que el ser humano puede encontrar sentido a la vida a pesar de las adversidades.

> *La vida plena involucra toda la esencia del ser humano, trasciende más allá de lo meramente físico, abarca el alma o la mente, que es el asiento de nuestras emociones, intelecto y voluntad; y también afecta el espíritu, esa parte diseñada para ser eterna y tener comunión con el Creador.*

La clave reside en que, si logramos que nuestros pensamientos cambien, cambiará el enfoque de nuestra vida; por eso Dios está más interesado en cambiar nuestros pensamientos que cambiar nuestras circunstancias. A veces quedamos amarrados a dudas, temores y creencias negativas que van moldeando nuestra existencia y ello nos lleva a tener una visión distorsionada acerca de la vida, pero si dejamos que Dios cambie esos pensamientos negativos, cambiará nuestra vida.

Conozco el caso de una persona cuya experiencia desearía que no fuera tan común, pero la realidad es que muchos viven como ésta a quien voy a referirme. Arturo cree en Dios y frecuenta una congregación esporádicamente, pero vive dividido entre dos realidades que se contraponen entre sí. Profesa ser cristiano, pero no tiene una verdadera relación personal con Dios que le lleve a experimentar una transformación conductual. Ir al culto y cumplir con algunas responsabilidades religiosas para él es suficiente. Esta vida cristiana superficial le ha llevado a naufragar en su fe una y otra vez y recaer en severas depresiones. Los conflictos matrimoniales continuos han afectado la convivencia familiar, especialmente a sus hijos. Lo he escuchado decir: "mi vida no tiene ningún sentido, no tengo expectativas, me han hecho demasiado daño, no puedo cambiar". Él vive en una dimensión negativa y fatalista sin intentar que las cosas cambien, utilizando su pasado como excusa, culpando a otros de su comportamiento.

Quienes estudian el comportamiento emocional del ser humano, denominan Síndrome de Esqueísmo a esta disposición de dar lugar a que las excusas dominen la mente para justificar actitudes indebidas. Por cierto, esa tendencia es una postura dañina que nos impide buscar soluciones o sacar aprendizaje de las situaciones que hemos vivido, es como un virus que enferma a las personas y no les permite cambiar su estilo de vida.

Entonces, ¿cuál es la causa del por qué Arturo no ha podido solidificar su fe? Al compartir con él y escucharle me doy cuenta de que su conducta es precisamente el reflejo de su mente, que aún está atada al resentimiento producto de no haber tenido la capacidad de superar las heridas y traumas de su pasado. De esa manera, difícilmente podrá experimentar la vida en plenitud. Lo que necesita es reprogramar sus paradigmas mentales adoptando nuevos pensamientos con el fin de ir mejorando.

Hay muchas personas como Arturo que creen que por las situaciones que enfrentan o que han vivido nunca van a cambiar su comportamiento. Los factores genéticos, la crianza que han recibido, el ambiente donde han crecido y las vivencias que han tenido hacen suponer que el cambio es difícil, pero la verdad es que sí se puede cambiar, pero todo comienza con el compromiso de renovar los esquemas mentales. Cuando permitimos que las circunstancias determinen nuestras actitudes perdemos el control de nuestra vida.

La vida plena involucra toda la esencia del ser humano, trasciende más allá de lo meramente físico, abarca el alma o la mente, que es el asiento de nuestras emociones, intelecto y voluntad; y también afecta el espíritu, esa parte diseñada para ser eterna y tener comunión con el Creador. El apóstol Pablo menciona estos tres aspectos de nuestra humanidad, al decir: *"Ahora, que el Dios de paz los haga santos en todos los aspectos, y que todo su espíritu, alma y cuerpo se mantenga sin culpa hasta que nuestro Señor Jesucristo vuelva"* (1ª. Tesalonicenses 5:23, NTV).

En consonancia con lo anterior, la pregunta válida es: ¿por qué es fundamental experimentar una transformación en nuestro esquema mental? La respuesta es, para convertirnos en la mejor versión de nosotros mismos, porque somos el resultado de lo que pensamos. De ahí la importancia que nuestra capacidad intelectual natural afectada por el pecado y las diversas situaciones que hemos enfrentado deba ser renovada a través de un proceso constante. Dicho en otros términos, el desafío que tenemos debe apuntar a que aprendamos a administrar nuestra mente escogiendo en qué centrar nuestros pensamientos y emociones, porque ellos se convierten en acciones y nuestras acciones en hábitos y nuestros hábitos finalmente determinan nuestro estilo de vida.

Para algunas personas este cambio es un mecanismo fácil de manejar, pero en otras es un desarrollo gradual que dura toda la vida, dependiendo del nivel de intención o compromiso de cada cual. Pero mientras continuamos haciendo modificaciones en la dirección correcta, aunque sean pequeños, son pasos importantes; los pequeños cambios nos conducen a transformaciones más profundas.

En todo este proceso opera la gracia de Dios, quien a través de su Espíritu Santo nos ayuda a renovar nuestros patrones mentales, hasta que lleguemos al nivel de tener *"la mente de Cristo"* (1ª. Corintios 2:16, RVR60). El poder de Dios está disponible para todos quienes lo deseen. Pablo decía: *"Cristo me da fuerzas para enfrentarme a toda clase de situaciones"* (Filipenses 4:13, TLA). Sin embargo, aun cuando la gracia de Dios nos motiva al cambio, existe una responsabilidad personal que no podemos eludir. El llamado "príncipe de los predicadores", Charles Spurgeon, decía: "Cristo no va a vivir en la sala de tu corazón, si al mismo tiempo hospedas al diablo en el sótano de tus pensamientos".

Se cuenta la historia de un granjero que encontró en el bosque a un pequeño cachorro de león abandonado, el cual por alguna razón se había separado de su madre leona. El granjero lo llevó a su casa y lo colocó junto a su rebaño de ovejas. Fue alimentado por la leche de una de ellas y en la medida que creció fue adoptando la manera de vivir de las ovejas. Caminaba, corría, comía, dormía y balaba como una oveja y el corral era su hogar. Así, con esa mentalidad se crió, aunque su desarrollo y apariencia física eran distintos, porque ahora se había transformado en un enorme león. La leyenda continúa diciendo que una noche se escuchó cerca de la granja un gran rugido de un animal que hizo que todas las ovejas atemorizadas se amontonaran en un rincón del corral: era el rugido de un viejo león. Pronto se escuchó otro rugido similar que hizo eco en toda la montaña y que le llamó aún más la atención al joven león, quien trató de imitar aquel raro sonido, descubriendo que él también podía hacerlo. A partir de entonces el cachorro comprendió que no era oveja, sino un león que tenía la capacidad de rugir y abandonó el rebaño y comenzó su vida en el bosque junto a otros animales de su misma especie.

El cachorro de león no tenía conciencia de lo que realmente era y de lo que podría llegar a ser; esa mentalidad de oveja le tenía condicionado a vivir en un corral sin esperar que las cosas cambiaran, solo intentaba sobrevivir. La moraleja que nos arroja este cuento nos indica que la cultura y el medio ambiente donde nos movemos condiciona nuestra manera de pensar y, por ende, nuestra conducta. Pero es nuestra la decisión de descubrir nuestra verdadera identidad, sometiéndonos a una higiene mental, transformando nuestros pensamientos y alineándolos a los de nuestro Creador.

Debemos monitorear constantemente nuestros pensamientos porque, como ya lo hemos dicho, el poder de la mente moldea nuestra vida para bien o para mal, de manera que cada acción es precedida por un pensamiento. Por ello, hay que enfatizar que Dios está más interesado en cambiar nuestra mente que las circunstancias por las cuales podemos estar atravesando.

Cuando las termitas invaden un árbol, por grande y majestuoso que éste sea, lo van arruinando paulatinamente desde su interior hasta lograr destruirlo. Lo mismo ocurre con los pensamientos negativos, son "termitas" que infectan y destruyen nuestra vida desde adentro. La recomendación de Salomón es: *"Cuida tus pensamientos porque ellos controlan tu vida"* (Proverbios 4:23).

La verdadera vida abundante tiene que ver con la transformación de nuestra mente, ella puede ser nuestro mayor aliado o nuestro peor enemigo. ¡No hemos nacido para vivir en un corral como una oveja, Dios nos ha dado vida para que marquemos la diferencia y rujamos como un león!

NO VIVAMOS SEGÚN LOS CRITERIOS DEL MUNDO

Observemos las siguientes palabras del apóstol Pablo:

"No os conforméis a este siglo, sino transformaos por medio de la renovación de vuestro entendimiento, para comprobéis cuál sea la buena voluntad de Dios agradable y perfecta"
(Romanos 12:2, RV60).

Es posible que hayas escuchado o leído esta cita en alguna oportunidad. Si es alguien que está familiarizado con la vida cristiana de seguro que se ha enfrentado a este texto reiteradas veces. No importa cuánto sepamos de este tema, siempre hay nuevas cosas que aprender y otras que debemos refrescar. Esto depende de la actitud enseñable que podamos tener.

Las mismas palabras de Pablo en cita de Romanos 12:2, pero en la Nueva Traducción Viviente, dice: *"No imiten las conductas ni las costumbres de este mundo, más bien dejen que*

Dios los transforme en personas nuevas al cambiarles la manera de pensar".

El término "siglo" o "mundo" que el apóstol utiliza en este texto hace referencia a las diversas corrientes ideológicas, filosóficas y culturales de la sociedad y que ejercen presión constante sobre las personas para moldear sus pensamientos y conducta. Pero debe existir de nuestra parte, según Pablo, un "no" rotundo a estos patrones de pensamientos y, a la vez, lo que debemos hacer es alinear nuestras actitudes a las verdades de las Escrituras y el carácter de Cristo. Debe haber en nosotros una clara y enérgica actitud de renuncia al estilo de vida, al modo de pensar y razonar de la sociedad. Para ello es necesario tener un diagnóstico de las características del tiempo que nos corresponde vivir.

Siguiendo esta línea, si hacemos un análisis de la sociedad actual, vamos a coincidir con el sociólogo polaco Zygmunt Bauman, quien la definió como "una sociedad líquida o fluida". Es decir, una sociedad sin sustento propio, donde no hay nada firme, sino todo es volátil, con falta de credibilidad, con carencia de modelos, sin compromiso y con una enorme ambigüedad moral. Una sociedad hedonista, individualista, consumista y donde todo gira en torno a lo relativo.

Es tal la falta de consistencia que hoy hemos cambiado las relaciones humanas por las conexiones humanas; se busca tener mil amigos en las redes sociales, pero no cultivamos una relación de amistad profunda y duradera, porque esta sociedad globalizada y digital se caracteriza por la superficialidad y el menor compromiso. El amor y el matrimonio son desechables, de modo que como el compromiso a largo plazo no existe, mejor se opta por convivir en parejas y, cuando éstas se aburren, simplemente se separan.

Respecto a la política, en esta época líquida no hay certezas ni convicciones. La verdad y el compromiso como requisitos de los ideales han sido desplazados por ambigüedades, cambios de opinión, oportunismos y "volteretas". Esto es notorio en los líderes y dirigentes políticos; muchos de ellos representan la fragmentación de ideas y partidos políticos que en antaño eran grandes y estructurados. Si analizamos tópicos como las pensiones, impuestos, migración, medio ambiente o temas valóricos, hay una atmósfera de buenas intenciones, pero ningún esfuerzo por materializarlas, porque hoy todo es tildado de extremo cuando se trata de sentido común. Pareciera que lo popular es ser tolerante, relativo y flexible, evitando ser claros; la idea es disfrazar las reales intenciones para no incomodar, de ahí que hoy se hable de lo "políticamente correcto".

En relación con la experiencia espiritual, esta filosofía de vida está llevando a que la gente pueda vivir una "fe líquida", sustentada en la subjetividad, de tal forma que algunos hoy pueden profesar ser cristianos y mañana pueden ser budistas; otro día pueden profesan ser hare krishna, etc.

Apuntando en el mismo sentido, se evidencia también que este pensamiento líquido o sin sustento se ha ido introduciendo sagazmente en la iglesia y hoy se torna popular deambular de una congregación a otra y carecer de todo sentido de identidad y compromiso con la iglesia local. Se han desvanecido principios y creencias que históricamente eran sólidas. Me da la impresión de que en las congregaciones hay personas que están ansiosas de que aparezca la "última moda" para ir tras ella, y de esa manera viven adaptándose a lo más temporal y rehuyendo a lo permanente.

En medio de este contexto complejo e incierto debemos experimentar una transformación en nuestro fuero íntimo que se refleje en nuestra conducta y en nuestra forma de ser; un cambio total con el fin de que nuestra vida no sea permeada con estas corrientes de pensamientos que imperan hoy en el mundo. La palabra clave que Pablo utiliza es: "transformarse", del griego *metamorfóo*, raíz del término metamorfosis, que se refiere a un cambio radical como el que experimenta una oruga al convertirse en mariposa.

En esencia lo que Pablo dice en el texto de Romanos 12:2, que para lograr la transformación de nuestra vida es necesario la renovación de nuestros pensamientos, porque lo que pensamos determina lo que somos o, dicho de otra forma, nuestro mundo exterior es el reflejo de nuestro mundo interior. Por eso es una prioridad experimentar esta renovación que va más allá de un mero deseo, porque tiene que ver con una determinación y compromiso. Cada mañana nos despertamos con una serie de pensamientos y emociones que desean gobernar nuestra vida, algunos son buena semilla, otros son negativos, pero cada día es una nueva oportunidad para que intencionalmente decidamos qué tipo de pensamientos vamos a cultivar.

Necesitamos considerar en serio este asunto. Nuestra vida no cambiará a menos que cambiemos nuestra manera de pensar. Nuestro desafío debe apuntar a estar en un continuo proceso de renovación mental, modificando los pensamientos disfuncionales y escogiendo los pensamientos correctos. Es nuestra la decisión. Siguiendo la analogía del relato del felino, continuamos viviendo en un corral como ovejas o nos levantamos a rugir como un león.

La transformación de la vida no tiene lugar sin la renovación de nuestra mente, acción que es producida por el Espíritu Santo cuando nosotros tomamos la decisión de entrar en este proceso. Esto es tan importante que, al escribirle a los discípulos de Éfeso, Pablo les dice: "*... dejen que el Espíritu les renueve los pensamientos y las actitudes*" (Efesios 4:23, NTV).

ALIMENTEMOS BIEN NUESTRA MENTE

Una vez que comprendemos cuál es la voluntad de Dios y decidimos vivir en ella, estamos en el camino de entrar a ese nivel de vida máximo. Entonces, el desafío que tenemos es cultivar nuestra mente diariamente. Cultivarla como se cuida un jardín, sembrando en ella buena semilla e impidiendo que brote la maleza, porque lo que crezca dependerá de nosotros.

Estamos en una batalla y la mente es el campo donde ganamos o perdemos, es el lugar donde nuestro adversario viene a sembrar sugerencias, informaciones equivocadas y a sacar a relucir asuntos del pasado, levantando fortalezas que nos mantienen subyugados a inseguridades, debilidades, temores, resentimientos y raíces de amarguras.

La verdad es que cada día pasan miles y miles de pensamientos por nuestra mente. Se estima que son más de sesenta mil los pensamientos que transitan diariamente por nuestro cerebro, pero depende de nosotros a cuáles les damos cabida. Constantemente debemos pedirle al Señor que nos ayude a renunciar a aquellos que nos alejan de su voluntad y de la vida que deseamos tener. Se atribuye a Martín Lutero la frase: "No podemos evitar que los pájaros vuelen sobre nuestra cabeza, pero podemos evitar que hagan nido en ella".

El apóstol Pablo nos dice que tenemos los recursos para derribar estas fortalezas levantadas por nuestro adversario: *"Porque las armas de nuestra milicia no son carnales, sino poderosas en Dios para la destrucción de fortalezas"* (2ª. Corintios 10:4, RVR60).

Un recurso que debemos usar es la Palabra de Dios. Jesús dijo: *"Ustedes son verdaderamente mis discípulos si se mantienen fieles a mis enseñanzas; y conocerán la verdad, y la verdad los hará libres"* (Juan 8:31-32, NTV).

> Aquí radica la clave, cuando el Espíritu Santo está en nuestra vida, nos da el poder para tener cautivo o bajo autoridad todo pensamiento.

Esta fue la forma en que Jesús obtuvo la victoria cuando fue tentado. En cada tentación que enfrentó en el desierto, le respondió al diablo: *"Escrito está"*. Es decir, le citó la Palabra de Dios (Lucas 4:1-13, RVR60).

De la misma manera que en el aspecto físico una buena alimentación es uno de los pilares fundamentales para una vida sana, así también, si nos nutrimos bien cada día con la Palabra de Dios, desechando toda influencia tóxica, ello se verá reflejado en nuestra manera de ser. El salmista decía: *"Me levanto temprano, antes de que salga el sol; clamo en busca de ayuda y pongo mi esperanza en tus palabras. Me quedo despierto durante toda la noche, pensando en tu promesa"* (Salmo 119:147-148, NTV).

Una disciplina que debemos practicar es leer diariamente las Escrituras, sustentarnos con ellas y filtrando todo lo que hacemos por el lente escritural. Otro ejercicio es leer buenos libros; hay excelentes textos que pueden ayudarnos. La práctica del hábito de la oración, la alabanza y la meditación son otros aliados que no tienen sustituto cuando se trata de ir transformando nuestra manera de pensar.

El apóstol Pablo dice: *"Por último, hermanos, piensen en todo lo verdadero, en todo lo que es digno de respeto, en todo lo puro, en todo lo agradable, en todo lo que tiene buena fama. Piensen en toda clase de virtudes, en todo lo que merece alabanza"* (Filipenses 4:8, DHH).

Otra situación que debemos considerar es terminar con los malos hábitos que se han heredado del pasado, los que nos atacan mayormente donde más débiles somos y romper con ellos es un desafío enorme. No es nada fácil, porque estos comportamientos se resisten al cambio, aun cuando las personas tengan intenciones serias de modificarlos. Especialmente cuando se trata de vencer algún tipo de adicción, como la inmoralidad sexual, la pornografía, el vocabulario obsceno, etc.

Pablo nos dice: *"...permitir que la naturaleza pecaminosa controle la mente lleva a la muerte. Pero permitir que el Espíritu les controle la mente lleva a la vida y a la paz"* (Romanos 8:6, NTV). A veces nuestros pensamientos se desvían y quieren volver a sus viejos patrones, pero cuando eso ocurre debemos llevar cautivo todo pensamiento a Cristo (2ª. Corintios 10:5, RV60). Es decir, los podemos controlar a través del Espíritu Santo. Aquí radica la clave, cuando el Espíritu Santo está en nuestra vida, nos da el poder para tener cautivo o bajo autoridad todo pensamiento.

Fijémonos en la experiencia de Daniel. Esta es una historia muy conocida en los círculos cristianos, pero es un buen ejemplo para ilustrar que sí podemos enfocar nuestra mente para pensar y actuar de un modo correcto. La situación que vivía Daniel no podía ser peor, habían destruido su ciudad y lo condujeron junto a otros jóvenes judíos cautivo a Babilonia. Allí, en medio de una cultura distinta a la suya, le ofrecieron alimentarse con la misma comida del monarca y beber del vino que él bebía, pero su respuesta fue un categórico rechazo, entendiendo que la costumbre de ese tiempo era ofrecer primeramente esa comida en sacrificio a los dioses paganos. Daniel había entrenado su mente para pensar y reaccionar de una manera distinta en ese ambiente cultural adverso y pagano. Ganó la batalla al determinar en su corazón *"no contaminarse con la comida y el vino del rey"* (Daniel 1:8). Este es un ejemplo de cuán poderosos y determinantes son los pensamientos y la fortaleza mental a la hora de la toma de decisiones. Los pensamientos que gobiernan nuestra mente son tan poderosos que ejercen una influencia directa en nuestras acciones.

Finalmente, pensemos esto: estamos donde estamos y somos lo que somos, por los pensamientos que nos gobiernan. Y a la vez, sabremos que hemos tomado el camino correcto cuando dejamos que el Espíritu Santo nos renueve y adoptemos la práctica diaria de alimentar nuestra mente con una buena semilla. Es importante que seamos intencionales en hacer una limpieza mental constante, con el fin de no almacenar en nosotros nada que sea tóxico o dañino. Al igual que un jardín, nuestra mente necesita cuidados diarios y para ello necesitamos ser disciplinados. En esta sociedad donde el estrés, la ansiedad y la depresión son tan comunes debemos preocuparnos de fortalecer nuestra salud mental; ello nos capacita para avanzar a la realización de una existencia plena.

Oración

Padre nuestro, te ruego que quites todo mal pensamiento de mi corazón, límpiame y purifícame para que llegue a ser la persona que tu deseas que sea. Entrego mi mente a ti para iniciar una etapa de mi vida en victoria, dando lugar a todo pensamiento bueno, rechazando todo aquello que me ha tenido atado a una mentalidad de derrota y a todo pensamiento negativo. Gracias porque eres un Padre bueno que desea lo mejor para mi vida.
Amén.

Capítulo 3
Autodisciplina

La selección chilena de fútbol clasificó directo al mundial de Sudáfrica 2010, rompiendo con una mala racha que había mantenido a Chile doce años sin participar de una copa del mundo. A la vez, en esa ocasión se terminó con ese periodo de cuarenta y ocho años en que esta selección no celebraba alguna victoria compitiendo en un campeonato de esta naturaleza; la última vez había sido el año 1962. ¿Qué fue lo que ocurrió? El entrenador argentino Marcelo Bielsa cambió la actitud y el compromiso de los jugadores. Junto con su metodología de juego, siempre dirigida a salir a atacar al equipo adversario, aplicó una férrea disciplina, que llevó a este grupo de deportistas a ser reconocidos como "la generación dorada" del fútbol chileno.

Se dice que casi todo en la vida es cuestión de disciplina, ella es el puente que conecta nuestros sueños con nuestros logros. Es lo que marca la diferencia entre quienes son excelentes y aquellos que viven atrapados en la mediocridad o el estatus. Es el hábito que nos hace fuertes cuando otros se rinden, es la motivación que nos permite avanzar cuando otros se detienen, es el motor que nos impulsa hacia el logro de nuestras metas independiente de lo desafiantes que puedan llegar a ser.

"Como ciudad sin defensa y sin murallas es quien no sabe dominarse" (Proverbios 25:28, NVI).

LA FUERZA QUE TRANSFORMA EN REALIDAD LOS SUEÑOS

Los talentos y competencias son importantes, pero cuando se carece de disciplina no es de mucho lo que sirven. Muchas veces vemos a un músico deslizar sus dedos sobre el teclado de un piano y exclamamos: "¡oh, qué talento!", pero en lo que no pensamos es en las horas y horas de práctica y dedicación disciplinada que ese músico ha invertido para alcanzar ese nivel de maestría. Lo mismo podemos decir de un deportista, de un pintor, de un escritor, de un orador, etc. No hay fórmulas mágicas, el talento es importante, pero la disciplina es fundamental. Por eso, al considerar diversas biografías se llega a la conclusión que el patrón común que tienen las personas que triunfan es ese compromiso inquebrantable de hacer las cosas con excelencia y disciplina.

El apóstol Pablo, el mayor exponente del evangelio del primer siglo, un predicador elocuente, maestro y escritor por excelencia, en su primera carta a la iglesia en Corinto, deja traslucir su preocupación en cuanto a su propio servicio y la posibilidad que tenía de ser descalificado por falta de autodisciplina. Entre otras verdades, dice: *"Disciplino mi cuerpo como lo hace un atleta, lo entreno para que haga lo que debe hacer. De lo contrario, temo que, después de predicarles a otros, yo mismo quede descalificado"* (1ª. Corintios 9:27, NTV).

En ningún otro de sus escritos Pablo expresa de una manera tan clara la preocupación que sentía en cuanto a la posibilidad de ser descalificado y quedar fuera del ministerio. Es como si el apóstol abriera su corazón para decirnos que él, a pesar de sus dones y talentos, era tan vulnerable como cualquiera de nosotros, y nos expresa el riesgo que se corre cuando se carece de disciplina personal.

Pablo usa la metáfora de un atleta o de un boxeador que elige abstenerse de todo aquello que puede disminuir su capacidad de competencia. Porque, detrás de todo el éxito que puede lograr un deportista, existe la disciplina. Sin embargo, las personas, por lo general, hablan de sus sueños y metas, pero no todos están dispuestos a pagar el precio por alcanzarlos. La verdad es que nadie, aunque tenga habilidades y competencias, podrá subir al podio de los vencedores si carece de autodisciplina.

Cuando pensamos en un Mike Tyson, Lionel Messi, Cristiano Ronaldo, Roger Federer y muchos otros deportistas que han sobrepasado a sus pares, ellos lo han logrado con esfuerzo y disciplina. En conclusión, lo que podemos extraer como aprendizaje de la vida de estas personas es que el talento y la disciplina se complementan entre sí y juntas forjan a los campeones que logran resultados extraordinarios. El talento es necesario, pero si le sumamos la disciplina el resultado nos lleva a la cima. Esto es válido en todos los ámbitos de la vida.

Clave fundamental de una existencia plena es la habilidad de saber liderarnos a nosotros mismos y controlar nuestros deseos, emociones y acciones. Si bien es cierto que no podemos controlar todo lo que nos rodea, sí podemos gobernar nuestros impulsos. El galardón lo reciben quienes están dispuestos a pagar el precio del autocontrol.

Si queremos ser de aquellas personas que marcan la diferencia, entonces es necesario saber que Dios nos ha diseñado con la capacidad de auto disciplinarnos. Las Escrituras lo llaman "dominio propio", y según el apóstol Pablo el dominio propio es un fruto del Espíritu Santo (Gálatas 5:23). Esto significa que, si hemos reconocido a Jesucristo como nuestro Señor y Salvador, nacemos de nuevo, el Espíritu Santo viene a morar en nosotros y nos otorga recursos para tener una vida victoriosa; y uno de ellos es la capacidad de controlarnos. Pablo dice: *"Pues Dios no nos ha dado un espíritu de temor y timidez sino de poder, amor y autodisciplina"* (2ª. Timoteo 1:7, NTV).

Aunque el dominio propio es un fruto otorgado por el Espíritu Santo, lleva consigo una responsabilidad personal. Por eso, el apóstol Pedro dice que debemos esforzarnos y ejercitarnos en el *"dominio propio"* (2ª. Pedro 1:5-8, NTV). Es decir, nos corresponde a nosotros colocarlo en la práctica.

Cuando Pablo dice: *"Golpeo mi cuerpo y lo pongo en servidumbre, no sea que habiendo sido heraldo para otros, yo mismo venga a ser eliminado"* (1ª. Corintios 9:27, RV1960), deja en evidencia que es en la esfera física donde se libra la batalla que puede arruinar la vida de cualquier persona. Pablo sometía su naturaleza carnal en el crisol de la disciplina hasta subyugarla y gobernarla.

Necesitamos disciplina personal en todos los aspectos de nuestra vida. Pero a modo de ejemplo consideremos adelante algunas de las áreas vulnerables en las que debemos estar trabajando siempre.

AUTOCONTROL SOBRE NUESTRO CARÁCTER

El carácter tiene que ver con nuestro fuero íntimo y se define como el conjunto de cualidades o características propias de una persona, que le distingue de los demás por su modo de ser u obrar. En otras palabras, es la forma particular de ser de un individuo, cómo actúa ante las situaciones que se le presentan. En la formación del carácter influyen factores como el genético, el ambiental y la responsabilidad personal, siendo ésta última la más importante.

A veces tenemos impulsos, emociones, reacciones que no podemos manejar por no tener un carácter disciplinado, y algunas personas tienden a justificar su conducta con expresiones tales como: "Yo soy así y el que me quiere me debe soportar como soy". Pero el carácter es algo que podemos trabajar y cambiar con intencionalidad y disciplina.

Durante los años de servicio ministerial me ha tocado tratar a diversas personas de una manera muy íntima, y en muchos casos las he visto desordenadas en distintos aspectos producto de falta de orientación. En reiteradas ocasiones nos hemos sentado alrededor de una mesa a platicar junto a una taza de café con personas que están pasando por determinadas crisis y en estas instancias he tenido la oportunidad, no solo de conocerlos, sino de poder brindarles algún tipo de asesoramiento. La satisfacción es ver que se producen cambios favorables en las personas ante una orientación sana. A veces se tienen vidas desordenadas por ignorancia y falta de dirección.

Con el fin de ilustrar la verdad que estamos desarrollando en este capítulo, voy a compartirles el ejemplo de un matrimonio que conozco muy de cerca y que ha tenido serios conflictos, los cuales los ha llevado al extremo de optar por el divorcio, y la razón es la falta de control del varón sobre su carácter. Él explota frente a cualquier situación que no le agrada y transforma su hogar en un campo de batalla. Su modo de ver las cosas es lo que intenta siempre hacer prevalecer y la opinión de los demás no tiene mucho valor, de esa manera sus problemas familiares han ido creciendo y empeorando. Esa actitud ha minado y lastimado las bases de su relación matrimonial. Así como esta persona, existen muchas otras cuyo mayor dilema es controlar su carácter, pero la orientación precisa basada en la Palabra de Dios ha ido generando un cambio de actitud y restaurando su relación familiar.

Ahora consideremos otro gran ejemplo, de alguien que también tuvo la capacidad de trabajar su carácter hasta llegar a ser una persona templada, me refiero a Moisés. Dios lo escogió para que fuese el libertador de su pueblo esclavo en Egipto, pero no fue usado hasta después de haber pasado por esa escuela de cuarenta años en el desierto apacentando las ovejas de su suegro Jetro. Allí, en la soledad del desierto, su carácter fue moldeado y después de ser una persona impulsiva que lo llevó a dar muerte a un egipcio llegó a ser un hombre absolutamente dependiente de Dios. Se escribió de él que *"Moisés era muy humilde, más que cualquier otra persona en la tierra"* (Números 12:3, NTV).

Aun cuando Moisés tenía un alto grado de liderazgo, autoridad y responsabilidad en Israel, llegó a ser un magnífico modelo de humildad, subyugando todo vestigio de orgullo y arrogancia. ¡Un gran ejemplo a seguir!

Todos lidiamos diariamente con nuestro carácter, no faltan las ocasiones cuando éste es puesto a prueba y muchas veces salimos desaprobados. Un carácter indisciplinado nos puede llevar a cualquier parte. Por esta razón, el llamado del apóstol Pablo es a que desarrollemos un carácter similar al de Cristo. Él escribió a los hermanos de Filipos, diciendo: *"Sean ustedes como Cristo fue"*. Es decir, tengamos el carácter de Cristo. Él, siendo Dios, en su condición de hombre desarrolló un carácter templado, tomando una actitud humilde, de servicio y renunciando voluntariamente a sus privilegios. (Filipenses 2:5).

AUTOCONTROL EN EL USO DE LA LENGUA

Por mencionar a modo de ejemplo otra área vulnerable que debe estar bajo el control de la autodisciplina: el uso de la lengua. A veces decimos lo primero que se nos viene a la cabeza sin pensar en las consecuencias, cuando lo primero que deberíamos hacer es pensar antes de hablar. Un proverbio de Salomón dice: *"La lengua puede traer vida o muerte"* (Proverbios 18:21, NTV). Esto significa que las palabras producen impacto en la vida de otros, y ya sea para bien o para mal producen vida o muerte. Entonces, si la lengua tiene tanto poder, debemos administrar correctamente nuestras palabras.

El problema es que si vamos por la vida sin tener autocontrol sobre nuestra lengua y cediendo a sus impulsos será muy difícil mantener buenas relaciones con quienes nos rodean. La lengua indisciplinada puede destruir el potencial de cualquier persona. Observemos lo que las Escrituras dicen al respecto:

"El que mucho habla, mucho yerra; el que es sabio refrena su lengua" (Proverbios 10:19, NVI).
"El perverso provoca contiendas, y el chismoso divide a los buenos amigos"
(Proverbios 16:28, NVI).

"Evita las palabrerías profanas, porque los que se dan a ellas se alejan cada vez más de la vida piadosa" (2ª. Timoteo 2:16, NVI).

"Eviten toda conversación obscena. Por el contrario, que sus palabras contribuyan a la necesaria edificación y sean de bendición para quienes escuchan" (Efesios 4:29, NVI).

Estos y otros textos de las Escrituras nos muestran que las palabras deben ser para edificar, sanar, honrar, elogiar y no para criticar, herir, murmurar, calumniar, decir groserías y chistes de doble sentido; esto último no es parte del vocabulario de quienes viven en el reino de Dios. Las palabras son poderosas y, fundamentalmente, muestran lo que hay en el corazón de quienes las emiten; de manera que la raíz del problema es el corazón. Por tal razón el Señor Jesucristo dijo: *"El que es bueno, de la bondad que atesora en el corazón produce el bien; pero el que es malo, de su maldad produce el mal, porque de lo que abunda en el corazón habla la boca"* (Lucas 6:45, NVI).

En 1ª. Samuel 16:18, NVI, se nos presenta a David, el pastor que fue promovido por Dios para que fuera rey sobre Israel, y se mencionan varias cualidades que poseía y una de ellas tiene relación con el uso de la lengua. El texto, dice: *"... sabe tocar el arpa. Es valiente, hábil guerrero, sabe expresarse y es de buena presencia. Además, el Señor está con él"*. Al referirse a su manera de hablar la Biblia Reina-Valera 1960 lo expone de una manera aún más clara, dice que era: *"prudente de palabras"*. No era un charlatán, un palabrero, había autoridad en lo que decía. Las personas sabían que cuando este hombre hablaba había que escucharlo con atención.

Las palabras producen impacto en otras personas, para bien o para mal. Debido a ello, deberíamos darle una marca de honorabilidad, de tal manera que quienes nos escuchan sepan que hablamos con sinceridad, con consistencia y verdad. Pero una lengua indisciplinada puede llevarnos a la ruina. De hecho, si queremos disfrutar de la vida plena tenemos que pedirle al Espíritu Santo que nos ayude a controlar nuestra lengua, porque lo que decimos produce vida o muerte.

A través de las palabras podemos producir un gran impacto. Sé que no digo nada nuevo con esto, pero vale la pena recordar estas verdades. El discurso de Martín Luther King del 28 de agosto de 1963 "Tengo un sueño" trajo vida y esperanza, que hasta hoy resuenan con fuerza. Por otro lado, Adolf Hitler con sus palabras causó un daño que llevó al sufrimiento de millones de personas.

Las palabras son como un fuego que puede hacer arder grandes bosques. A la vez, son como semillas que salen de nuestra boca a través de las cuales cosechamos vida o muerte. Por esta misma razón, el salmista decía: *"Que las palabras de mi boca y la meditación de mi corazón sean de tu agrado, oh Señor, mi roca y mi redentor"* (Salmo 19:14, NTV).

A través del autocontrol podemos resistir las tentaciones y mantenernos con un testimonio tal que nadie tenga algo que decir de nosotros.

Nuestra responsabilidad, con la ayuda del Espíritu Santo, es transformar nuestro corazón, y lograr que éste pueda pasar de una fuente de muerte a una fuente de vida.

AUTOCONTROL SOBRE LOS IMPULSOS SEXUALES

Esta es otra área importante en la que necesitamos autocontrol constante: los sentimientos e impulsos sexuales. Entiendo que se ha escrito bastante acerca de este tema, sin embargo, creo que nunca se habrá dicho lo suficiente como para no intentar decir algo más. Mi invitación es a leer lo siguiente con mucho cuidado y digerir cada frase minuciosamente.

Hay demasiados ejemplos de personas usadas por Dios cuyos ministerios terminaron en ruina por causa de una conducta sexual inapropiada. Esto no solo afecta a quienes están en el liderazgo eclesial, sino a toda persona. Hay muchas familias en ruinas a causa de esta situación.

Recuerde que las tentaciones son inevitables, pero lo que es evitable es caer en ellas.

Antes de tener una relación sexual inapropiada siempre deberíamos considerar primero las consecuencias. El proverbista dice: *"¿Puede alguien echarse brasas en el pecho sin quemarse la ropa? ¿Puede alguien caminar sobre las brasas sin quemarse los pies? Pues tampoco quien se acuesta con la mujer ajena puede tocarla y quedar impune... No sacará más que golpes y vergüenzas, y no podrá borrar su oprobio"* (Proverbios 6:27-29 y 33, NVI).

En ocasiones la persona que comete un acto de esta naturaleza es perdonada, ya sea por su cónyuge, sus hijos e incluso por la comunidad de fe, pero la confianza y la reputación quedan dañadas y difícilmente son restauradas. Si esta persona es un líder eclesial el daño que se produce no afecta sólo a la congregación a la cual servía sino a toda la iglesia del Señor. Debido a eso es que en ocasiones escuchamos comentarios tales como: "Todos son iguales".

Alguien que incurre en una mala conducta sexual piensa que nunca va a quedar al descubierto y que puede continuar con una doble vida, pero la verdad es que tarde o temprano llega el momento en que todo sale a la luz.

Puesto que toda persona está sujeta a las mismas tentaciones, es necesario que se tomen medidas de prevención a través de la disciplina personal. Por eso, Pablo decía: *"Más bien, golpeo mi cuerpo y lo domino, no sea que, después de haber predicado a otros, yo mismo quede descalificado"* (1ª. Corintios 9:27, NVI). Una de estas acciones preventivas es reconocer nuestra vulnerabilidad sexual y estar alerta al riesgo de vincularnos emocionalmente con alguien. Ser cuidadosos con amistades que podrían considerarse inapropiadas.

Construir un matrimonio sólido. Tener sumo cuidado con las redes sociales y, especialmente, desechar de plano todo lo que tenga que ver con pornografía. Esto debe ser un proceso continuo.

Recuerdo muy bien una charla referente a la conducta sexual inadecuada que mi estimado amigo Pablo Hoff entregó a un grupo de pastores. Esto hace ya muchos años. En medio de su exhortación, hizo una pausa y dijo: "Aunque seamos personas de edad avanzada la tentación sexual y la posibilidad de caer en ella siempre está presente". Luego hizo un resumen de las tres fuerzas que pueden llevar al pecado sexual: "El poder de la atracción. El poder de las mujeres seductoras. El poder del vínculo emocional". Aunque han pasado los años, esta enseñanza quedó grabada en mi corazón a fuego. A Pablo Hoff ya no lo tenemos con nosotros, ahora descansa en el Señor, pero su enseñanza perdura.

El apóstol Pablo dijo a su discípulo Timoteo: *"Huye de las malas pasiones de la juventud"* (2ª. Timoteo 2:22, NVI). Porque si le damos rienda suelta a los deseos de la carne podemos vernos en situaciones que después lamentaremos. El desafío es que nos mantengamos siempre en integridad.

A través del autocontrol podemos resistir las tentaciones y mantenernos con un testimonio tal que nadie tenga algo que decir de nosotros. No olvides que hay líderes eclesiales que han comenzado bien en el ministerio, pero han terminado mal. La idea es que usted y yo terminemos bien nuestra carrera. En cualquier caso, veremos cómo nuestra vida cambia simplemente si asumimos el ejercicio de la disciplina personal. Esto es impagable.

Sin autodisciplina no hay éxito en ningún aspecto de la vida, es el elemento clave para disfrutar de la vida en plenitud. Y como lo planteamos en el capítulo anterior, esto tiene que ver primeramente con dominar nuestros pensamientos; si no logramos controlar lo que pensamos difícilmente podremos controlar lo que hacemos. Luego la perseverancia es la que crea una costumbre, y la costumbre, finalmente, se transforma en hábito.

De modo que la vida en abundancia no consiste en acumular riquezas y lograr fama, sino en esas cualidades que determinan nuestro carácter y en el impacto que producirá nuestra vida en los demás. Se trata de tomar decisiones correctas y decir "¡no!" a las cosas que nos dañan. Tiene que ver con romper con los viejos patrones mentales y construir nuevos hábitos. Se trata de dominar aquellas cosas que nos impiden avanzar en la concreción de nuestros sueños y visiones. Se trata de cambiar las cosas comunes y corrientes en cosas extraordinarias, y así tú y yo podremos disfrutar de una vida en plenitud. A través de estas líneas te animo a que comiences a construir tu futuro con esfuerzo, perseverancia y disciplina.

Oración

Señor, levanto mi voz para darte gracias por mostrarme la manera correcta de vivir. Te pido Señor que a través del dominio propio me ayudes a ser cada día más disciplinado y tener autocontrol sobre mis pensamientos y acciones. Renueva mis fuerzas para seguir adelante y tener valor para afrontar los retos y desafíos que se me presentan. Que pueda tener mis prioridades claras y trabajar para alcanzar mis objetivos. Amén.

Capítulo 4
Recurso limitado

"No tenemos poco tiempo, sino que perdemos mucho. La vida es lo bastante larga y se ha concedido esta amplitud para lograr cosas muy interesantes, siempre que se invierta bien. Pero cuando se escapa en medio de lujos y del abandono, cuando no se dedica a nada bueno, en la angustia de los últimos momentos percibimos que se marcha lo que no comprendimos que pasaba. Así es, no recibimos una vida corta, sino que la hacemos corta y no somos pobres de ella, sino derrochadores. Tal como las riquezas abundantes propias de un rey, cuando recaen sobre un mal dueño se disipan al momento y, en cambio, aunque modestos aumentan con el uso si se entregan a un buen guardián. A vivir hay que aprender toda la vida y, cosa que quizá te extrañe más, durante toda la vida hay que aprender a morir" (Séneca, *Sobre la brevedad de la vida*).

LA BREVEDAD DE LA VIDA

El apóstol Santiago escribió diciendo: "*¿Cómo saben qué será su vida el día de mañana? La vida de ustedes es como la* *niebla del amanecer aparece un rato y luego se esfuma"* (Santiago 4:14, NTV).

Si hay algo en que todos deberíamos estar de acuerdo es que el tiempo es un recurso limitado, invaluable, que va pasando de una manera imperceptible, no podemos detenerlo ni menos ahorrarlo. Aquí en la tierra estamos de paso y pronto nos vamos. Por eso, gestionarlo bien es saber administrar bien la vida, porque nada es más real como el hecho de que nuestro tiempo tiene fecha de caducidad. ¿Cuándo será nuestro final? ¿Cómo será? Nadie lo sabe.

Cuando estamos en busca de la vida plena es fundamental aprender a sacarle el máximo de provecho al tiempo; ello ayudará a ser más productivos, lograr nuestros desafíos, dirigir de una manera más efectiva nuestra existencia y así lograr tener una mejor calidad de vida. Nuestro paso por la tierra es solo una temporada, por eso debemos aprovecharla bien, sin perder nuestra mirada en la eternidad.

Estoy en un hermoso atardecer junto al lago Llanquihue, observando una imagen maravillosa. El sol ilumina el cielo de color rojizo y sus rayos se reflejan sobre las aguas tranquilas. El paisaje dura solo unos instantes, tiempo suficiente como para sacar algunas fotografías con mi celular mientras el sol se pierde en el horizonte. Esta escena me recuerda lo fugaz de la vida y la importancia de aprender a vivir el presente intensamente, y cada momento como si fuera el último.

En esta reflexión junto al lago, pienso también en aquellos episodios que son tan recurrentes cuando las personas dejan esta dimensión terrenal e inician su viaje a la eternidad, allí es donde aflora todo tipo de alabanza y honra, discursos, halagos, pero en ocasiones éstos llegan demasiado tarde. La verdad es que las flores deberían regalarse cuando aún podemos percibir el aroma de su fragancia; lo otro a veces sólo suele darse dentro de un marco meramente protocolar.

Es claro que la partida de algún ser querido o de algún amigo nos duele y por ello que en esos momentos de alguna manera lo exteriorizamos. Es debido a eso que mientras podamos obsequiar una flor o expresar gratitud, amor, respeto u honra, deberíamos hacerlo, porque ante una tumba ya tendrá poco valor.

David, el dulce cantor de Israel, dice en uno de sus hermosos poemas: *"Este es el día que hizo el Señor; nos gozaremos y alegraremos en él"* (Salmo 118:24, NTV). En este verso se nos invita a reflexionar que cada día es un regalo de Dios que debemos aprovecharlo, vivirlo con alegría, entusiasmo y gratitud.

Hoy es el día para acercarnos más a Dios, la fuente de la vida. Hoy es el día para expresar nuestro amor y nuestros sentimientos a nuestros seres cercanos. Hoy es el día para perdonar y volver a empezar esas relaciones que por algún motivo se encuentran fracturadas. Hoy es el día para dar una sonrisa o enviar un saludo, este es el día para desempolvar aquellos sueños que no pudimos hacer realidad.

Hoy es el día, porque cada minuto, cada hora, cada día que pasa jamás lo vamos a recuperar. La vida pasa tan rápido que pronto despertaremos frente a otra realidad y nada de esto podremos hacer. Por eso disfrutemos al máximo cada momento de nuestra existencia terrenal.

Moisés, el autor del Salmo 90, dice: *"Los días de nuestra edad son setenta años; y en los más robustos son ochenta años, con todo, su fortaleza es molestia y trabajo, pronto pasan, y volamos"* (Salmo 90:10, RVR60). En la actualidad con la ayuda médica y científica podemos llegar a esta edad y tal vez más, pero el asunto no es cuántos años vivamos, sino ¿qué hemos hecho con la cantidad de años que se nos ha dado?

Viajábamos con mi amigo Pablo Maquehue a Valdivia, esa hermosa ciudad del sur de Chile, e íbamos a visitar a

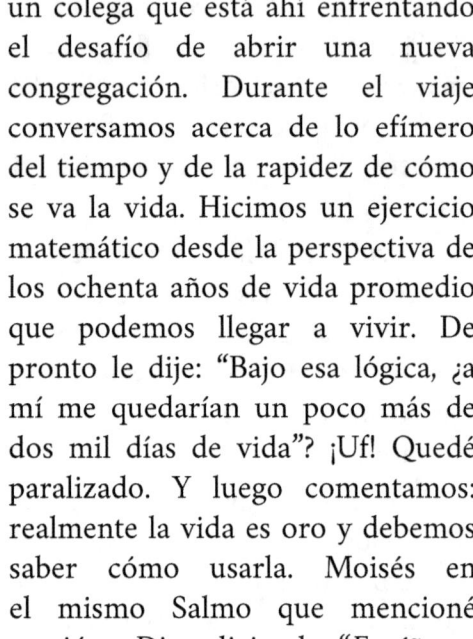

Una manera de organizar y aprovechar sabiamente el tiempo es saber estructurarlo a través de metas y objetivos realistas.

un colega que está ahí enfrentando el desafío de abrir una nueva congregación. Durante el viaje conversamos acerca de lo efímero del tiempo y de la rapidez de cómo se va la vida. Hicimos un ejercicio matemático desde la perspectiva de los ochenta años de vida promedio que podemos llegar a vivir. De pronto le dije: "Bajo esa lógica, ¿a mí me quedarían un poco más de dos mil días de vida"? ¡Uf! Quedé paralizado. Y luego comentamos: realmente la vida es oro y debemos saber cómo usarla. Moisés en el mismo Salmo que mencioné recientemente hace una oración a Dios, diciendo: *"Enséñanos a entender la brevedad de la vida, para que crezcamos en sabiduría"* (Salmo 90:12, NTV).

San Pablo nos exhorta diciendo: *"Así que tengan cuidado de cómo viven. No vivan como necios sino como sabios. Saquen el mayor provecho de cada oportunidad en estos días malos"* (Efesios 5:15-16, NTV). De acuerdo con esta enseñanza de Pablo, debemos tener equilibrio en nuestra forma de vivir, con el fin de ser efectivos y sacarle el mejor provecho posible a nuestra existencia. Se trata del mejor regalo que Dios nos ha dado. Lo invertimos bien o lo desperdiciamos, esto depende de cada uno de nosotros. ¡Cambiemos nuestra actitud frente al tiempo! Vivamos como si éste fuera el último día de nuestra existencia aquí en la tierra, porque todos tenemos algo en común, la ineludible cita con la muerte.

TOMA LAS RIENDAS Y PLANIFICA

No importa cuántos años tengamos, lo cierto es que ya se nos ha ido una buena parte de la vida. A veces nos percatamos demasiado tarde que el tiempo corre y que la vida se nos va de una manera insospechada. Puede que tengas treinta, cuarenta o cincuenta años y consideres que aún eres joven. ¡Puede ser! Sin embargo ya se te ha ido una gran parte de tu existencia aquí en la tierra. Sí, eso es exactamente lo que ha ocurrido. ¡Qué tremendo! ¡Gran parte de nuestra existencia terrenal ya se nos ha ido! Por tal razón, no importa a qué ocupación o área laboral nos dediquemos, hay algo que todos debemos compartir, la habilidad de aprender a gestionar el tiempo. Es un hecho comprobado que todas las personas que han logrado vencer las barreras "de lo imposible" y transformarse en triunfadoras comparten una característica distintiva, dominan la destreza de gestionar el tiempo de una manera sabia.

Frente a este tema hay una idea clave que deseo plantear: tenemos poco tiempo, pero lo necesario como para cumplir con nuestro propósito en este planeta. A veces recurrimos a la frase "no tengo tiempo"; pero ¿será esto real? Me inclino a pensar que esta es una expresión equivocada porque el recurso tiempo consiste en la vida misma; de manera que mientras estemos vivos tenemos tiempo. Este razonamiento es realmente importante y pensar en ello me lleva a ese desafiante concepto de Séneca, el filósofo romano de quien hice mención al inicio de este apartado: "No recibimos una vida corta, sino que la hacemos corta y no somos pobres de ella, sino derrochadores. Así nuestra vida es muy extensa para quienes la organizan bien". De esta afirmación del filósofo de antaño se desprende la idea de que es una elección personal saber liderar en este recurso que se nos ha dado.

> *Este principio de saber manejar las prioridades debe ir acompañado de saber **delegar lo que sea necesario**, para dedicarnos a aquello que traerá mayor valor a nuestro trabajo.*

Una manera de organizar y aprovechar sabiamente el tiempo es saber estructurarlo a través de **metas y objetivos realistas.** Cambiar nuestros hábitos y regirnos en base a proyectos definidos nos permite enfocarnos, nos ayuda a ahorrar tiempo y a la postre nos genera un sentido de satisfacción al ser conscientes de que podemos avanzar en el logro de nuestros sueños. Nuestros objetivos deben ser específicos, concretos y medibles. En otras palabras, planificar significa *¿qué debemos hacer?, ¿cómo debemos hacerlo? y ¿cuándo debemos hacerlo?*

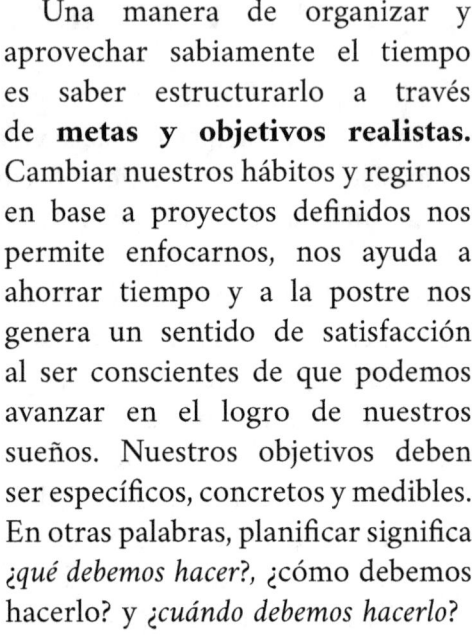

Hace un tiempo recibí un mensaje de WhatsApp de un joven que conocí y que manifestó su deseo de entender esta vida plena a la que nos invita Jesús. Hemos charlado algunas veces acerca del tema. Me ha comentado que este tiempo que lleva conociendo más de Dios han sido semanas en las que ha visto cambios significativos en su vida.

Le preocupa el hecho de que el tiempo se le está pasando y a su edad aún no tiene nada claro en cuanto a su futuro; ello, a pesar de reconocerse como un "luchador incansable". En una de nuestras conversaciones concluimos que la sensación de vacío y ansiedad sobre su futuro es producida, entre otras cosas, por la carencia de metas y objetivos, porque puede estar dedicado a múltiples ocupaciones y aun así carecer de propósito.

Simplemente saber qué es lo que realmente queremos lograr dentro de un determinado tiempo es la chispa que enciende la pasión por luchar por alcanzar aquello. Carecer de metas es el resultado de estar bajo constantes distracciones que no nos permiten enfocarnos en algo definido y nos hacen perder el tiempo.

MANEJA BIEN TUS PRIORIDADES

Hemos escuchado mucho acerca del tema de las prioridades, sin embargo, quedamos con la percepción de que no ha sido suficiente, porque siempre vivimos con la sensación de que podríamos haber aprovechado mejor el tiempo. Pero nos hace bien recordar que una de las razones por las cuales malgastamos este valioso recurso es porque vivimos haciendo malabarismo con el tiempo debido a que tenemos las prioridades alteradas o desordenadas.

Entonces, deberíamos organizar nuestra vida sobre la base de lo importante y no de lo urgente que pueda presentarse en el día a día. En este sentido lo importante es aquello que se planea de una manera estratégica e intencional y que producirá un impacto en los planes y objetivos que deseamos alcanzar y lo urgente son aquellas crisis que se caracterizan por ser una necesidad que requiere una atención o solución inmediata y que bien puede ser pospuesta o ser delegada en otros.

Ese sábado por la tarde Jorge estaba en su casa dedicado a estudiar, porque la semana siguiente defendía su tesis de grado, que le permitiría graduarse como un profesional. Esto era lo importante para él; todo su esfuerzo se concentraba en ello, porque estaba dentro de la cosmovisión de sus planes. Pero sonó el teléfono, era un amigo que le llamaba para invitarlo a jugar un partido de fútbol junto a otros compañeros. Esto estaba dentro del marco de lo urgente para este estudiante. Pero él decidió responder con un "gracias, no puedo en esta ocasión, estoy comprometido con el desafío que tengo la próxima semana". La respuesta pudo haber sonado descortés, pero simplemente Jorge optó por lo que para él era realmente importante en ese momento.

Así como el ejemplo anterior, hay tantas otras distracciones que a diario intentan sacarnos de lo que realmente es importante. Por lo tanto, la pregunta clave que debemos hacernos es: ¿cuáles son nuestras metas y objetivos? Y en base a ello organizar nuestro trabajo en un orden de prioridades. Ahora bien, esto requerirá disciplina para llevar una agenda diaria realista o alcanzable y enfocarnos en ella.

Al final de cada día es bueno plantearnos algunas interrogantes: ¿qué hice mal hoy?, ¿qué hice bien hoy?, ¿podría haber hecho algo diferente? Mi abuela, una mujer muy devota de sus creencias religiosas, desde que yo era pequeño me inculcó la costumbre de hacer al final de cada día lo que ella llamaba un "examen de conciencia". Ahora entiendo que ese ejercicio está muy relacionado con hacer cada día una evaluación de lo que hemos hecho. Este resultado nos ayudará a ir mejorando cada vez más nuestra gestión.

Este principio de saber manejar las prioridades debe ir acompañado de saber **delegar lo que sea necesario**, para dedicarnos a aquello que traerá mayor valor a nuestro trabajo. Así evitar andar como el picaflor "saltando de una actividad a otra" o "apagando incendios", sin ninguna clase de disciplina. No debemos encargarnos de todas las actividades, delegar algunas tareas nos permitirá que seamos más efectivos y que evitemos ser tan dispersos que terminemos atrapados en el estrés y la ansiedad.

Si optamos por este estilo de vida vamos a reducir nuestra carga laboral y a la larga obtendremos mayores resultados. Moisés, quien fue llamado el amigo de Dios e hizo cosas extraordinarias como líder del pueblo de Israel, en el momento que quiso tomar muchas responsabilidades su suegro Jetro le recordó que necesitaba delegar ciertas funciones debido a que la labor que desarrollaba era demasiado pesada para que fuese asumida por una sola persona, y esto, a la postre, repercutiría negativamente en su salud y liderazgo. ¡Qué buen principio nos heredó Jetro! Una habilidad que puede transformar nuestra vida disfrutándola de una manera más equilibrada y satisfactoria.

Compartamos la carga con otros, porque no por hacer más somos más efectivos. A veces, tenemos una filosofía de vida equivocada y creemos que si no estamos haciendo algo estamos desperdiciando el tiempo, cuando en verdad descansar, sentarse y leer un libro, pasar tiempo con la familia, también es parte de nuestra productividad.

Respecto a este tema, como lo mencioné recientemente, hay una frase que escuchamos con frecuencia: "no tengo tiempo". Pero ¿te has puesto a pensar que cuando expresamos "no tengo tiempo" lo que realmente estamos diciendo es que no sabemos administrar bien nuestras prioridades?

Salomón nos ofrece una valiosa perspectiva sobre la naturaleza del tiempo. Él dijo:

> *"Hay una temporada para todo, un tiempo para cada actividad bajo el cielo. Un tiempo para nacer y un tiempo para morir. Un tiempo para sembrar y un tiempo para cosechar. Un tiempo para matar y un tiempo para sanar. Un tiempo para derribar y un tiempo para construir. Un tiempo para llorar y un tiempo para reír. Un tiempo para entristecerse y un tiempo para bailar. Un tiempo para esparcir piedras y un tiempo para juntar piedras. Un tiempo*

para abrazarse y un tiempo para apartarse. Un tiempo para buscar y un tiempo para dejar de buscar. Un tiempo para guardar y un tiempo para botar. Un tiempo para rasgar y un tiempo para remendar. Un tiempo para callar y un tiempo para hablar. Un tiempo para amar y un tiempo para odiar. Un tiempo para la guerra y un tiempo para la paz" (Eclesiastés 3:1-8 NTV).

Desde esta perspectiva, Dios nos ha designado un tiempo apropiado para todo. ¿Y sabes? Si hacemos las cosas en su momento adecuado, de seguro que la vida será más grata, fecunda y no nos faltará el tiempo.

Todos nosotros tenemos exactamente 1.440 minutos cada día. Tenemos 10.080 minutos cada semana y aproximadamente 524.160 minutos cada año. Lo desafiante de todo esto es que somos responsables por lo que hacemos con ellos. Son un tesoro que se nos permite vivirlo sólo una vez y no sabemos cuándo usaremos el último minuto en el reloj del tiempo. Dios nos ha dado minutos, horas, días y años para realizar el propósito que nos ha asignado en la tierra. Entonces, el problema no es la falta de tiempo, sino cómo lo gestionamos. Ahora bien, si empleamos la lógica de que el tiempo es vida, sí tenemos vida aún tenemos tiempo.

Lo que debemos hacer es evitar las trampas que nos desenfocan. En la sociedad actual se acentúa cada vez más la sensación de tener muchas cosas por hacer y poco tiempo para hacerlas. Por ello, se nos presentan cada vez nuevas técnicas y métodos para ayudarnos a administrar el tiempo. Pero quienes se han dedicado a estudiar esta materia han llegado a la conclusión que la clave es saber administrarnos a nosotros mismos y, como consecuencia a ello, determinamos cómo emplear el tiempo. Peter Drucker, psiquiatra y neurólogo alemán, llamado el "el padre de la gerencia moderna", dice: "No puedes administrar el tiempo, solo puedes administrarte a ti mismo".

Es importante considerar que cuando hablamos de organizar mejor el tiempo, también nos referimos a desarrollar esa capacidad de **saber colocar límites.** Uno de los peores hábitos que podemos cultivar es decir "sí" a todo sólo por quedar bien con los demás. Nuestro tiempo es demasiado valioso y lo ideal es que lo tengamos medianamente planificado, por tanto, tenemos que desarrollar la capacidad de decir "no". Hay ocasiones cuando tal vez tengamos que decir: "¿Sabes? Lo lamento, pero esta vez no puedo acompañarte o ayudarte, porque estoy enfocado en otra cosa, si quieres podemos hacerlo en otro momento". El "no" también es una respuesta.

Otro aspecto que debemos tener bajo control es **la impuntualidad.** Este es un tema que debemos tratar con extrema dedicación, porque no solo nos afecta a nosotros, sino a otras personas. Si tenemos una cita o compromiso, seamos puntuales. De este modo respetaremos nuestra palabra empeñada y el tiempo de los demás.

Si somos negligentes en este aspecto de gestionar bien el tiempo, aunque tengamos talento y otras virtudes vamos a transmitir una imagen de irresponsabilidad. La regla debería ser: si la cita planeada no es relevante para nosotros, entonces avisemos que no asistiremos o que llegaremos atrasados, pero si está dentro de nuestros compromisos y prioridades, entonces asistamos a la hora indicada.

¿No te ha pasado que te has comprometido con alguien de juntarse en tal o cual lugar a cierta hora y tú llegas a la cita y pasan los minutos y el otro no llega? ¿Cómo te has sentido? ¡De seguro muy mal! Porque te han robado una porción de tu valioso tiempo que ya no volverá. ¡Sí! Ese

Cada uno de nosotros debemos hacernos cargo de cómo invertimos mejor nuestro tiempo; si no lo hacemos, otras personas lo harán por nosotros. En nuestras manos está desperdiciarlo o invertirlo de la mejor forma.

tiempo perdido no volverá jamás. La palabra responsabilidad es un término fundamental cuando estamos frente a este tema. Seamos puntuales. En conexión a este punto encajan muy bien las palabras de Jesús de Nazaret: *"Simplemente di: Sí, lo haré o no, no lo haré"* (Mateo 5:37, NTV).

Otro hábito que debemos practicar es a **no postergar las actividades** innecesariamente. Es común decir "lo dejaré para después", y posponemos las cosas que teníamos en tabla. ¿Te ha pasado que dices "dejaré para otro día la visita al médico" o "postergaré este trámite" o "mañana voy a ordenar el closet de mi pieza", pero llega mañana y dices: "otro día lo haré"? Si vivimos en esta dinámica de ir postergando las tareas, eso finalmente nos robará las energías, nos dejará estancados y terminaremos con altos niveles de estrés, porque acumularemos una y otra cosa y llegará el momento cuando estaremos frente a un cerro de situaciones por resolver.

Tenemos que enfocarnos en las tareas conforme las teníamos planeadas. De hecho, si observamos nuestra agenda, tendremos variadas cosas que ya deberíamos haber concluido, pero las hemos ido dejando para después.

Lo ideal es acostumbrarnos a ir cada día haciendo lo que teníamos diseñado, de ese modo la vida se nos tornará más fácil, amena y productiva. No hay que ir acumulando carga para el futuro, pues bastante es afrontar las situaciones de cada día. Nuevamente encajan muy bien las palabras del Maestro de Nazaret: "*...Los problemas del día de hoy son suficientes por hoy*" (Mateo 6:34, NTV).

¡Cuidado con el mal uso de las redes sociales! La sociedad ha creado formas sagaces para que perdamos el tiempo en aquello que no contribuye al propósito que Dios tiene para nosotros.

¿Cuántas horas gastamos en internet, en YouTube, Facebook, Instagram, WhatsApp, Tik Tok u otro tipo de redes sociales? Si las sumamos semanalmente quedaríamos impactados de todo el tiempo que perdemos en esto. Las redes sociales son uno de los mayores consumidores de nuestro tiempo.

Y volvemos a lo mismo. O sea, ser disciplinados y enfocarnos en lo realmente importante, ocupando los días de nuestra vida en lo que nos ayudará a realizar nuestros planes y objetivos de acuerdo con el diseño que Dios tiene para nosotros. Dejemos de hacer lo que nos roba el tiempo y no permitas que otros tomen el control de tu vida. No le regales tus días a los demás. Aprendamos, aunque sea con esfuerzo, lo que estamos compartiendo en este capítulo.

Si somos disciplinados en gestionar el tiempo tendremos este recurso disponible para estar con la familia, responder correos, contestar llamadas, leer, estudiar, hacer deporte, descansar y disfrutar cada minuto sabiamente.

Con el fin de ir cultivando esa vida en plenitud de la que hemos venido hablando, también es importante dedicar tiempo para ejercer el hábito de la meditación. Un tiempo para reflexionar nos es útil para organizarnos de una mejor manera y poder procesar lo que está sucediendo a nuestro alrededor. A través de la reflexión nos vamos conociendo a nosotros mismos y descubriendo quienes somos en realidad.

Recientemente, tuve una reunión con un grupo de líderes y les desafié a agendar un tiempo para salir de la cotidianidad con el fin de dedicarse a pensar de una manera reflexiva y estratégica. Este es un buen ejercicio, apartarnos a algún lugar tranquilo con lápiz y cuaderno y dedicarnos solo a pensar unos minutos. Ese cuaderno puede transformarse en nuestro compañero fiel, donde quedarán registradas muchas ideas que impactarán nuestras vidas. No te imaginas lo bien que te hará practicar esta disciplina. Puedes llegar a ser un pensador por excelencia si tan solo te lo propones.

Al concluir este capítulo, es válido decir que hemos considerado algunos aspectos básicos que nos ayudan a lograr mejores resultados en lo que hacemos con menor inversión de tiempo y esfuerzo. Sin duda, esto nos lleva a disfrutar de esa vida plena que estamos hablando en este libro.

Cada uno de nosotros debemos hacernos cargo de cómo invertimos mejor nuestro tiempo; si no lo hacemos, otras personas lo harán por nosotros. En nuestras manos está desperdiciarlo o invertirlo de la mejor forma.

El tiempo es nuestra vida, es un recurso limitado, y de una cosa estamos seguros es que se nos terminará. Invertirlo de la mejor forma posible es una clave para una vida plena. El desafío es dedicarle nuestro tiempo a lo más importante de nuestra vida, porque el tiempo es un recurso que se nos es dado para cumplir con nuestra magna misión aquí en la tierra.

Oración

Amado Señor, gracias por haberme permitido vivir hasta este día. Gracias por tus cuidados constantes y por tu generosidad. Hoy te pido que me ayudes para aprender a invertir bien el tiempo y llevar buenos frutos en todas las áreas de mi vida. Te pido me des la capacidad para enfrentar cada día con la disposición de hacer tu voluntad y pueda lograr aquello que tú has diseñado para mí. Amén.

Capítulo 5
Marcando la diferencia

Me encanta una frase de la Madre Teresa, la religiosa que dedicó su vida a servir a los pobres de Calcuta: "Al final de nuestra vida, no seremos juzgados por cuántos diplomas hemos recibido, cuánto dinero hemos conseguido o cuántas cosas grandes hemos hecho. Seremos juzgados por: Yo tuve hambre y me diste de comer. Estuve desnudo y me vestiste. No tenía casa y me diste posada". Esta misionera fundó la congregación de la caridad en Calcuta para atender a pobres, enfermos, huérfanos y moribundos durante cuarenta y cinco años.

Una vida dedicada al servicio marca la diferencia entre los seres

Hemos sido capacitados para vivir y ser de una contribución a este mundo. No hemos venido sólo a ocupar un lugar, consumir un poco de oxígeno, envejecer, jubilarnos y luego morir.

humanos, porque a través del servir a los demás estamos ejerciendo la más noble vocación de construir una sociedad mejor.

LA MÁXIMA EXPRESIÓN DE LA VIDA PLENA

En los capítulos anteriores hemos planteado importantes realidades que tienen que ver con el disfrutar de una vida plena, comenzando de la raíz primaria que consiste en nuestra relación personal con el Creador, de allí parte todo. No hay vida plena sin tener un encuentro personal con Dios.

Ahora pasamos a ver otro aspecto de esa vida abundante que el Señor Jesús nos ofreció: el servicio. Esta es la máxima expresión de la vida, porque servir es vivir en la dimensión espiritual más profunda.

El servicio se puede definir como la capacidad e intención permanente de ayudar a atender las necesidades de otros que requieren apoyo, especialmente a las personas más débiles o que están pasando por un período de dificultad. Se trata de entregar lo mejor de nosotros en beneficio de los demás. Esta es una actitud que surge de nuestro corazón y cuya consecuencia es nuestro propio desarrollo como persona, porque al servir le encontramos mayor sentido a nuestra existencia y salimos del egocentrismo y del egoísmo tan inherente a la naturaleza humana, y nos lleva a pensar en las necesidades de otros.

Si hacemos el ejercicio de traer a nuestra memoria aquellas ocasiones en las que hemos expresado nuestro servicio a alguien recordaremos que nos hemos quedado con esa sensación enriquecedora de que logramos crecer al bendecir la vida de otros.

No hace mucho, a fines del invierno de 2024, participé de una "minga" en el sector de la Cordillera de la Costa. La palabra *minga* proviene del quechua *mink a*, que significa "invitación" o "reunión". Es una palabra para describir una tradición campesina de trabajo comunitario que consiste en la colaboración de vecinos y amigos en un trabajo colectivo voluntario con fines sociales. Esta vez se trataba de ayudar a una familia a desmalezar un plantío de frambuesas y arándanos. Fue una experiencia extraordinariamente grata. Compartimos junto a un grupo de personas haciendo esta tarea social, y al terminar quedamos con esa satisfacción de haber contribuido en algo para hacer más grata la vida de una familia.

En una sociedad tan individualista y egoísta como la nuestra, tener un espíritu de servicio, ayudando sin sentirse obligado y sin interés de recibir algo a cambio, puede parecer fuera de contexto, pero al contrario es la marca distintiva de quienes disfrutan la plenitud de la vida.

Hemos sido capacitados para vivir y ser de contribución a este mundo. No hemos venido sólo a ocupar un lugar, consumir un poco de oxígeno, envejecer, jubilarnos y luego morir. Hemos venido a marcar la diferencia y hacer un aporte único; de tal manera que cuando partamos de aquí hayamos dejado este mundo en mejores condiciones de como lo encontramos.

Un excelente ejemplo de servicio es el que mencioné al principio de este capítulo, el de la Madre Teresa de Calcuta, quien se entregó generosa e incondicionalmente a atender a los enfermos y víctimas de la pobreza. Se dice que ella acuñó la frase: "El que no vive para servir, no sirve para vivir".

Otro ejemplo es el del médico y pastor Denis Mukwege, hijo del pastor Mathago Mukwege, de la Misión Pentecostal Sueca, quien, en la ciudad de Bukavu de la República

Democrática del Congo, fundó el Hospital Panzi, donde más de cincuenta mil mujeres violadas en los conflictos bélicos han recibido ayuda médica y psicológica para superar sus traumas. Este pastor recibió el Premio Nobel de la Paz en 2018 por su trabajo en contra de la violencia sexual.

Si bien los casos descritos nos resultan extremadamente relevantes, no es menos cierto que, aunque sea a un nivel mucho más discreto, todos estamos llamados a contribuir con lo que esté a nuestro alcance.

En dicho sentido (e insisto, en una muy modesta escala), me complace comentar la labor que por casi sesenta años ha realizado la iglesia a la que pertenezco en Osorno, brindando protección a niñas y adolescentes en riesgo social. Durante varias décadas ese trabajo fue dirigido a la protección judicial residencial. No obstante, producto de las contingencias externas, resolvimos hace poco una reestructuración que permitió continuar nuestra labor prescindiendo de la colaboración del Estado, y ejecutando actualmente una residencia estudiantil para mujeres jóvenes de sectores rurales que vienen a la ciudad a seguir sus estudios superiores.

Puede haber muchos ejemplos de personas que se han destacado por su espíritu de servicio, pero el servidor por excelencia ha sido el Señor Jesús. Él dedicó su tiempo a servir y ayudar a los que le rodeaban, pero, además, enseñó a sus discípulos un estilo de vida, señalándoles: *"...el que quiera hacerse grande entre vosotros será vuestro servidor"* (Mateo 20:26, RVR60), y resaltó su ejemplo con aquella frase: *"...el Hijo del Hombre no vino para ser servido, sino para servir, y dar su vida en rescate por muchos"* (Mateo 20:28, RVR60). Sin duda, él es el referente máximo. Su vida fue una muestra de servicio constante a la humanidad.

La Biblia nos muestra un hecho muy particular mientras Jesús iba camino a Jerusalén junto a sus discípulos. Dos de ellos, Jacobo y Juan, se le acercan y le hacen una singular petición. *"Concédenos que en tu gloria nos sentemos el uno a tu derecha y el otro a tu izquierda".* Frente a tal petición, Jesús aprovecha la oportunidad para abordar la importancia del servicio y enseñarles que la grandeza de la vida no se encuentra en el estatus, ni en el poder, ni en la posición que podamos lograr ni en los deseos egoístas del corazón humano, sino en la actitud de servicio a los demás. El Maestro estableció la verdadera grandeza al decir: *"El que quiera hacerse grande entre vosotros será vuestro servidor, y el que de vosotros quiera ser el primero, será siervo de todos. Porque el Hijo del Hombre no vino para ser servido, sino para servir, y dar su vida en rescate por muchos"* (Marcos 10:37-45, RVR60).

Existe otro episodio referido a la actitud de Jesús en cuanto al tema que tratamos. Estaba con sus discípulos en el Aposento Alto, lugar que habían conseguido para celebrar la cena de la Pascua. Esa noche los discípulos fueron sorprendidos al ver que Jesús se levantó y tomando un lavatorio y una toalla comenzó a hacer la tarea que les correspondía a los esclavos de la casa, lavarle los pies a cada uno de ellos (Juan 13:1-16, NTV). Un ejemplo de humildad y de servicio fue el que Jesús entregó en esa ocasión. De hecho, les dice: *"¿Entienden lo que acabo de hacer? Ustedes me llaman Maestro y Señor y tienen razón porque es lo que soy. Y dado que yo, su Señor y Maestro, les he lavado sus pies, ustedes deben lavarse los pies unos a otros. Les di mi ejemplo para que lo sigan".*

Por supuesto que este estilo de vida basado en el servicio es totalmente opuesto a la cosmovisión del mundo, que mide la grandeza bajo otros parámetros.

En la parábola del Buen Samaritano, el Señor entrega otra enseñanza acerca del servicio, esta vez presentando tres filosofías de vida distintas. (Lucas 10:30-37, NTV). Él habló de un hombre judío que bajaba de Jerusalén a Jericó, y en el camino unos ladrones le robaron todo lo que poseía y lo dejaron malherido. Ese día pasaron por el mismo lugar dos personajes religiosos que trabajaban en el templo, ambos pasaron sin mostrar ningún grado de misericordia y compasión hacia el hombre herido. Posteriormente, pasó otra persona por ese lugar, fue un samaritano quien se detuvo, curó las heridas del hombre que había sido asaltado, lo colocó en su cabalgadura, lo llevó a la posada y pagó con su propio dinero para que lo cuidaran bien hasta que se recuperara. En los protagonistas de esta historia se ejemplifican tres maneras distintas de enfrentar la vida.

LA FILOSOFÍA DE LOS LADRONES

La filosofía de los ladrones es un estilo de vida que consiste en alcanzar el éxito y acumular riquezas a cualquier costo sin importar quien salga perjudicado. Lo tuyo, aunque no me pertenezca, lo poseeré, aunque para ello sea necesario darte muerte. ¡Cuánta gente vive bajo esta filosofía! La falta de honradez, de honestidad y transparencia conlleva a la corrupción no solo de individuos, sino de organismos e instituciones que han sido creadas para velar por los intereses comunes de una sociedad. Esto es lo que ha ocurrido en estos últimos tiempos con los casos de corrupción en los que se han visto involucrados importantes organismos y personeros del quehacer público de mi país y del mundo.

Por ejemplo, la política debería ser la más noble expresión de servicio y para dedicarse a ella habría que tener un alto grado de vocación, como la de un médico o un misionero;

sin embargo, se encuentra desprestigiada y el pensamiento que está teniendo una gran resonancia en la población es que a los políticos no les mueve el anhelo de servir a los demás, sino servirse a sí mismos. ¡Una pena! Y lo que más preocupa es esa incapacidad de autocrítica y la autocomplacencia que distingue a algunos de ellos.

Me gusta la afirmación que hace José Mujica, el expresidente de Uruguay, que en una entrevista dijo: "No debiera extrañarnos que mucha gente utiliza la política para hacer plata y ahí se nos pudre toda la canasta de huevos, ahí se apolilla todo. Porque la política no es una profesión. Podrá ser ingeniero, podrá ser albañil, podrá ser carpintero, podrá ser mecánico, son profesiones dignas de las cuales se puede vivir, pero la política no es una profesión, es una pasión, no se vive de la política se vive para la política".

Lamentablemente la sociedad ha cambiado en su estructura política para mal, y ese espíritu egoísta nos está llevando del verdadero sentido de la democracia como sistema de gobierno representativo a un totalitarismo sin responsabilidad en donde se aspira a cargos de representación popular sólo por un anhelo de codicia y ansias de poder. Es evidente que la corrupción está destruyendo la confianza en las personas y las instituciones. Todo esto indica que nos hemos apartado del sentido real del servicio. ¡Cómo quisiéramos que se levante una nueva generación de hombres y mujeres con un alto grado de vocación al servicio público! Mi país, como en todos los lugares del mundo, requiere de seres humanos íntegros, leales, honrados, prestos a sacrificar beneficios personales, con tal de servir a su comunidad.

Contrario a esa actitud de querer servirse de los demás, el verdadero sentido del servicio implica esa disposición de ayudar de una manera asertiva, contribuyendo desinteresadamente al bienestar de otras personas. Es una filosofía que nos lleva a hacer las cosas con verdadero entusiasmo y fortalece valores como la solidaridad, la empatía y la humildad; además, el hecho de sentirnos útiles genera sentimientos de satisfacción y alegría.

LA FILOSOFÍA DE LOS RELIGIOSOS

La filosofía del sacerdote y del levita es el modo de existir de la mayoría de las personas religiosas que enfrentan la vida con una actitud individualista y egocéntrica, en la que el dolor y las necesidades de los demás no les interesan. Ellos eran representantes de la religión; sin embargo, el dolor ajeno nos les interesó. Esto nos debe llevar a recordar lo dicho por el apóstol Santiago, quien escribió: *"La religión pura y verdadera a los ojos de Dios Padre consiste en ocuparse de los huérfanos y las viudas en sus aflicciones, y no dejar que el mundo te corrompa"* (Santiago 1:27, NTV). Estas palabras deberíamos tenerlas presente cuando estamos frente a las necesidades de otro, aprender a ver en aquellos que necesitan una oportunidad para ejercer el servicio.

Quienes somos discípulos de Cristo debemos mostrar misericordia a los que sufren, a los pobres e indefensos de la sociedad. El servicio del Maestro no se desarrolló encerrado en el templo, como hoy la mayoría de los cristianos lo hace. Más bien, él se juntó con los más desposeídos de la sociedad. Reivindicó los derechos de la mujer, de los niños y de los más pobres de su tiempo.

Me pregunto, ¿qué estamos haciendo los cristianos hoy frente a las necesidades de los más desposeídos? ¿Qué planes tenemos para llegar a los drogadictos, a los alcohólicos, a las madres adolescentes en estado de vulneración? Las buenas nuevas de salvación también son para ellos. Pero las estructuras y la organización religiosa están llevando a que la iglesia sea cada vez menos trascendente en medio de una sociedad que sufre. Debemos atrevernos a romper los moldes y hacer aquello para lo cual la iglesia fue creada. No podemos ser indiferentes frente al dolor humano.

Todos los hombres y mujeres de todas las épocas que han dejado un legado a las generaciones siguientes, han sido servidores.

Aún suenan fuerte las palabras del Maestro de Nazaret a sus discípulos frente a la multitud que tenía hambre: *"Denles ustedes de comer"* (Lucas 9:19, NTV). La misión social de la iglesia sigue siendo cuidar de la viuda, del huérfano, del pobre y del marginado, como consecuencia de la predicación del evangelio. La salvación ofrecida a través de las buenas nuevas de Jesucristo no solo afectan el "alma" o el ámbito espiritual de las personas, sino además contribuye a la formación de un orden social más justo, solidario y de paz. En este sentido, a la luz del evangelio, las comunidades cristianas deben llevar a cabo un plan y una estrategia a favor de los más desfavorecidos porque ven en cada persona la imagen de Dios.

LA FILOSOFÍA DEL BUEN SAMARITANO

La filosofía del buen samaritano es el nivel de vida máxima o plena. No se trata de cuántos beneficios pueda yo obtener, sino descubrir cómo puedo servir y beneficiar a otros. Aunque el personaje de la parábola que estaba herido en el camino pertenecía a una raza antagónica a la suya, el samaritano se detuvo, empatizó con el dolor del hombre herido y ofreció toda la ayuda posible.

Todos vivimos en uno de estos estilos de vida. Pero quienes disfrutan de la vida plena viven en la filosofía del buen samaritano.

¿Cuál será nuestra contribución de vida a este mundo? ¿Vamos a ocupar las capacidades con las que hemos sido revestidos sólo para beneficio personal o también para servir a otros?

El apóstol Pedro dice: *"Dios, de su gran capacidad de dones espirituales, les ha dado un don a cada uno de ustedes. Úsenlos bien para servirse los unos a los otros. ¿Has recibido el don de hablar en público?, entonces habla como si Dios mismo estuviera hablando por medio de ti. ¿Has recibido el don de ayudar a otros? Ayúdalos con todas las fuerzas y energías que Dios te da..."* (1ª. Pedro 4:10-11, NTV). Aquí el apóstol nos dice que las habilidades con las que hemos sido diseñados han sido dadas para colocarlas al servicio de los demás. Enfatiza, *"ayúdalos con todas las fuerzas y energías"*. Él nos ha dotado de dones y capacidades, no para esconderlos, como la parábola de los talentos, sino para usarlos en beneficio de otros.

Para servir no necesitamos grandes recursos. Una sonrisa es suficiente para alegrar el corazón de un enfermo, un saludo a un amigo, orando e intercediendo por otros, escuchando atentamente a otros, apoyando a otros económicamente de acuerdo con nuestras posibilidades, organizando operativos sociales, en fin, no nos faltan maneras de ayudar y servir a otros.

Como cristianos, estamos llamados a responder a las necesidades del ser humano. Apuntando a este desafío, conozco congregaciones que cada mes reparten cajas de abarrotes a familias que enfrentan dificultades económicas. Han hecho de este servicio parte de su misión. Porque el cristianismo no se reduce sólo a retórica, sino a acciones concretas. Jesús dijo: *"Lo que ustedes hicieron para ayudar a una de las personas menos importantes de este mundo, a quienes yo considero como hermanos, es como si lo hubieran hecho para mí"* (Mateo 25:40, TLA).

Todos los hombres y mujeres de todas las épocas que han dejado un legado a las generaciones siguientes han sido servidores. Este es el nivel de vida máximo, es la característica de una vida de excelencia y es lo que en esta hora de la historia se demanda de cada uno de nosotros.

El desafío de quienes desean disfrutar de una vida plena es adoptar una actitud de servicio. La grandeza no se encuentra en el poder y el reconocimiento, sino en el servir desinteresadamente a otros. En un mundo centrado en el individualismo, la verdadera grandeza se encuentra en servir a los demás.

Por eso la pregunta que deberíamos hacernos constantemente es, "¿qué acciones estamos desarrollando en favor de los demás?" Las personas de buen corazón que se detienen en el camino de la vida para extender la mano al que más lo necesita están contribuyendo para hacer del mundo un hogar mejor para todos. Al hacerlo estamos marcando la diferencia.

Cuando estemos algún día en el cielo ante nuestro Padre, no se nos preguntará por nuestros logros intelectuales o personales. En ese día seremos juzgados por lo que hicimos a nuestro prójimo. (Mateo 25:35-40, RVR60).

Oración

Padre eterno, hoy me inclino ante ti para agradecerte por Jesús nuestro Salvador, quien dejó voluntariamente su trono de gloria y vino a esta tierra a hacerse un siervo por amor a nosotros y salvarnos de la condenación de nuestros pecados. Ayúdame para que a través de los dones y recursos que me has dado pueda estar siempre atento a servir, que mi corazón esté dispuesto para ayudar y bendecir a los demás. Amén.

Capítulo 6
Una contracultura

Junto a mi esposa fui a visitar un sector muy vulnerable de la ciudad. En ese lugar funciona una "olla común", donde todos los vecinos van a buscar su ración de comida para el día. Ese día nos llamó fuertemente la atención el gesto solidario de un conocido médico de la ciudad. Después de haber hecho la entrega de la mercadería que llevamos, mientras retornábamos a nuestro vehículo, de entre los callejones observamos que apareció con su maletín el doctor Jorge Castilla. Nos saludamos, y me dice: "Ando atendiendo a mis enfermitos". Luego agregó: "La sonrisa, el apretón de manos o el abrazo que recibo de estas personas tan necesitadas llenan mi alma". Ahí supimos que este médico deja ciertas horas de la semana para visitar a los enfermos, especialmente a personas de la tercera edad que

Cuando amamos a Dios sin reserva, nuestra generosidad hacia nuestro prójimo se convierte en una manifestación visible de nuestro compromiso con Él.

se encuentran postrados. Sin duda, este médico encarna la grandeza de la generosidad, una contracultura en la sociedad actual.

UNA EXPRESIÓN DE AMOR

Dios es la máxima expresión de la generosidad. La Biblia está llena de ejemplos que nos hablan de la dadivosidad de Dios. Él dio el regalo más grande de amor incondicional al entregarnos a su Hijo Jesucristo para que se ofreciera como el sacrificio perfecto por nuestros pecados. Jamás se ha dado un regalo más grande y ningún amor humano puede compararse al suyo. El propio Señor Jesús dijo: *"Porque tanto amó Dios al mundo que dio a su Hijo unigénito, para que todo el que cree en él no se pierda, sino que tenga vida eterna"* (Juan 3:16, NVI). Y el apóstol Pablo agregó: *"Ya conocen la gracia de nuestro Señor Jesucristo, que aunque era rico, por causa de ustedes se hizo pobre, para que mediante su pobreza ustedes llegaran a ser ricos"* (2ª. Corintios 8:9, NVI).

El amor que los padres tienen por sus hijos es grande. Aunque ellos hayan crecido y tengan una vida independiente, de igual manera se siguen amando. Pero el amor de Dios va más allá que todo tipo de amor, Él es un Padre que nos ama con amor eterno, y si nos dio a su Hijo Jesús, sin duda no va a retener ninguna otra cosa que pudiera hacernos falta. Tiene una preocupación constante por cada uno de nosotros, porque somos su obra maestra.

Estoy cada día más convencido de que nuestro buen Padre Celestial desea bendecirnos mucho más de lo que nosotros pudiéramos imaginarnos. El apóstol Pablo dijo: *"Ningún ojo ha visto, ningún oído ha escuchado, ninguna mente humana ha concebido lo que Dios ha preparado para quienes lo aman"* (1ª. Corintios 2:9, NVI). ¿Te imaginas el nivel de bendición que

Dios tiene reservado para quienes lo aman? Dios tiene mucho aún para darnos. Esto debe alegrar nuestros corazones y animarnos a seguir amando al Señor con todo nuestro ser.

De la misma manera como Dios nos ama y nos otorga sus beneficios, nosotros también debemos encarnar los valores del amor y la generosidad, no como una obligación, sino como una demostración de nuestra fidelidad a Dios.

Lo dijimos en el primer capítulo, que rendirnos sin reserva a Dios, dándole a Él todo lo que somos, es el primer paso a una vida plena. Este es el punto clave. Lamentablemente, muchas personas están decepcionadas e insatisfechas y nunca disfrutan de esta dimensión de vida porque no han hecho una entrega completa al Señor. Puede que sean creyentes y participen de las actividades de alguna comunidad de fe, pero aún son ellos quienes tienen el control sobre sus vidas.

Rendirnos al Señor significa decirle: Señor, todo lo que soy y lo que tengo es tuyo, mi vida, mi familia, mi trabajo, mis posesiones, tú eres el Señor y dueño que dirige mi existencia. Él desea que hagamos este acto de entrega, porque le amamos y deseamos agradarle. Cuando amamos a Dios sin reserva, nuestra generosidad hacia nuestro prójimo se convierte en una manifestación visible de nuestro compromiso con Él.

Los Estados, como una de sus responsabilidades, ayudan a sus ciudadanos más necesitados a través de políticas sociales que generan condiciones de vida dignas. Por otro lado, también existen los filántropos, aquellas personas que donan su tiempo, talentos y dinero para ayudar a amortiguar el dolor y la necesidad del ser humano. El término filantropía viene de las palabras *philos* (amar) y *anthropos* (hombre) y el concepto se refiere a la acción de dar con el fin de mejorar la calidad de vida de la humanidad. Pero el dar al que yo me refiero en este apartado alude a esa actitud benevolente que surge de nuestra relación con Dios.

La vida en abundancia de la que estamos hablando en este texto cambia esa perspectiva humana egoísta y egocéntrica que caracteriza a la sociedad y nos lleva a mirar el mundo buscando las formas de ayudar a aliviar el sufrimiento ajeno, reflejando el amor y la compasión de Dios a través del servicio a los demás.

En consecuencia, la esencia de la generosidad se define como la tendencia de preocuparse por la necesidad de los demás, dando sin ser obligados o presionados y sin esperar nada a cambio. La persona con un corazón generoso está atenta en buscar el bienestar de otros.

UNA CONTRACULTURA

"Da al pobre con generosidad, no de mala gana, porque el Señor tu Dios te bendecirá en todo lo que hagas" (Deuteronomio 15:10, NTV). ¡Qué tremenda promesa para quienes tienen un corazón generoso! Vale la pena vivir en esta dimensión porque hay recompensa de Dios para ellos. Sin embargo, lo importante es aprender a dar sin esperar ser retribuidos. Somos las manos de Dios para atender las necesidades de otros, no solo enfocándonos en las cosas materiales, sino también en las necesidades espirituales y emocionales.

Como ya lo hemos expuesto, vivimos en una sociedad donde cada cual vive para sí sin importarle las necesidades de quienes viven a nuestro lado. El amor, la paz, la armonía, las buenas relaciones con nuestros semejantes han sido cambiadas por el odio, la opresión, el abuso, la injusticia y la separación de clases sociales. En medio de estas realidades, practicar la generosidad es una contracultura, porque se centra en los demás y no en el beneficio propio, se refiere al acto de compartir o brindar ayuda a otros de manera desinteresada.

¿Has pensado cómo sería el mundo si fuéramos un poco más generosos? Hay personas que pasan la vida afanados en tener cada día más y más recursos económicos para sí mismos, pero el desafío es construir una cultura tal que las personas entiendan que gozaremos de una vida más satisfactoria si hacemos más a favor de nuestro prójimo.

Digo esto a modo de ejemplo, la bondad y generosidad de un grupo de personas en los inicios del cristianismo fue algo increíble. Ha pasado el tiempo y nos deja atónitos la forma de vida de ellos. Compartían todo lo que tenían y daban para ayudar a los más necesitados. Fue un médico, Lucas, quien escribió acerca de ellos. Detengámonos un momento para leer parte de su relato: *"Todos los creyentes eran de un solo sentir y pensar. Nadie consideraba suya ninguna de sus posesiones, sino que las compartían"* (Hechos 4:32, NVI). Se trata de la comunidad cristiana naciente en Jerusalén. Ellos lograron producir un impacto en la sociedad de su tiempo y fueron reconocidos por su generosidad. Ellos se levantaron en esa época con una contracultura.

A través de actos de generosidad y la disposición de dar de nuestras capacidades, de nuestras energías, de nuestro dinero, de nuestro tiempo, para hacer más fácil la existencia de otros, estamos construyendo un cambio cultural que impactará la vida de nuestros semejantes. Las Escrituras dicen: *"Cada uno debe velar no solo por sus propios intereses, sino también por los intereses de todos los demás. La actitud de ustedes debe ser como la de Cristo Jesús"* (Filipenses 2:4, NVI).

Cuando Jesús estuvo aquí en la tierra tenía consciencia y sensibilidad de lo que ocurría en su entorno, y por ello se preocupó de los más vulnerables, de los desvalidos y oprimidos de su tiempo, marcando a través de su actitud un estilo de vida contracultural que alteró el sistema social de su época (Lucas 4:18-19). Dios quiso mostrar al mundo un modelo de vida distinto, y el apóstol Pablo dice *"la actitud de ustedes debe ser como la de Cristo Jesús"* (Filipenses 2:5, NVI). De modo que a través de procurar el bien de otros estamos transitando por la misma senda por la que caminó nuestro Señor Jesucristo.

En otro de sus escritos el mismo apóstol Pablo dice: *"Por tanto, siempre que tengamos la oportunidad, hagamos el bien a todos, y en especial a los de la familia de la fe"* (Gálatas 6:10, NVI). La demostración más grande de nuestro amor a Dios y a nuestro prójimo es dar, o como Pablo lo expresa en este texto, *hacer el bien*. Las relaciones humanas sólidas consisten, precisamente, en lo que hacemos unos por otros. Por tanto, nuestro desafío debe ser buscar oportunidades para hacer el bien.

Equivocadamente, muchos creen que una vida de excelencia o la felicidad consiste en estar enfocados sólo en la adquisición de cosas materiales, conseguir un estatus económico, lograr una buena reputación, alcanzar un título profesional u ocupar un nivel de poder. Sin embargo, muchas personas teniendo esto y aún mucho más no encuentran esa dicha deseada, porque han descuidado los valores que realmente trascienden. Conocemos casos de personas que teniéndolo todo, el estrés, la ansiedad y la depresión los ha llevado a la trágica decisión de optar por el suicidio, u otros, simplemente, viven amargados y con una existencia sin sentido. Por eso, Jesús, el Maestro de Nazaret, dijo: *"...la vida de una persona no depende de la abundancia de sus bienes"* (Lucas 12:15, NVI).

> *No hay excusas para no ser generosos; aun cuando tengamos poco, de ello podemos compartir con otros.*

Recuerdo haber leído hace ya tiempo que Alejandro el Grande, a la hora de su muerte, pidió que lo colocaran en un ataúd con unos hoyos que le permitieran sacar sus manos hacia afuera. Luego dijo "aunque conquisté el mundo, al morir dejo este mundo con las manos vacías". Este hombre, conocido como uno de los grandes conquistadores de la humanidad, a la hora de su muerte reconoció que nada de lo que había logrado conquistar se podía llevar consigo a la tumba.

La generosidad le da sentido de propósito y una razón más significativa a la vida, nos libera de la ansiedad y el temor a la escasez. A la vez nos permite contribuir en la formación de un orden social más solidario.

NO DEPENDE DE CUÁNTO POSEAMOS

Procurar el bien de otros no está circunscrito únicamente para quienes tienen muchos recursos económicos. En las Escrituras hay ejemplos inspiradores que nos muestran que la generosidad no depende de cuánto poseemos, de ellos me limitaré a mencionar dos:

En el evangelio de Marcos se relata el siguiente episodio de Jesús y la ofrenda de una mujer viuda: *"Jesús se sentó frente al lugar donde se depositaban las ofrendas, y estuvo observando cómo la gente echaba sus monedas en las alcancías del templo. Muchos ricos echaban grandes cantidades. Pero una viuda pobre llegó y echó dos monedas de muy poco valor. Jesús llamó a sus discípulos y les dijo: Les aseguro que esta viuda pobre ha echado en el tesoro más que todos los demás. Éstos dieron de lo que les sobraba; pero ella, de su pobreza, echó lo que tenía, todo su sustento"* (Marcos 12:41-44, NVI).

¡Tremenda enseñanza la del Maestro! El Señor Jesús apunta a dos direcciones:

Primero, él conoce la situación económica de cada persona. El relato dice que se sentó a mirar a la hora que la gente venía a depositar sus ofrendas. Aunque lo que damos debería ser algo secreto, al punto de que nuestra mano izquierda no debe saber lo que da la derecha, Dios siempre conoce nuestra actitud. La generosidad no pasa desapercibida ante los ojos de Dios.

Segundo, Jesús conoce las motivaciones de nuestro corazón. En este caso, miró la actitud de quienes daban mucho y miró a la mujer que dio sólo unas monedas. Ahora, ¿cuál es la enseñanza? La generosidad del corazón de esta mujer despertó la admiración del Señor, quien dijo a sus discípulos *"esta viuda pobre ha echado más que todos los demás"*. El Señor no mira la cantidad de lo que damos, sino el corazón con que damos. El apóstol Pablo nos exhorta a dar con la misma motivación de esta mujer viuda: *"Cada uno debe dar según lo que haya recibido en su corazón, no de mala gana ni por obligación, porque Dios ama al que da con alegría"* (2ª. Corintios 9:7, NVI).

El otro ejemplo lo encontramos en el testimonio de Pablo acerca de la iglesia en Filipos. Filipos era una ciudad que estaba ubicada en la región de Macedonia, lugar donde actualmente está Grecia. La iglesia en ese lugar era muy pobre, pero cuando tuvieron la oportunidad de ayudar lo hicieron con alegría y generosamente. Pablo escribe a los hermanos en Corinto y da fe de la generosidad de esta comunidad para ayudar a la iglesia en Jerusalén, que estaba pasando por una gran crisis económica: *"En medio de las pruebas más difíciles, su desbordante alegría y su extrema pobreza abundaron en rica generosidad. Soy testigo de que dieron espontáneamente tanto como podían, y aun más de lo que podían, rogándonos con insistencia que les concediéramos el privilegio de tomar parte en esta ayuda para los santos"* (2ª. Corintios 8:2-

4, NVI). Incluso al mismo apóstol Pablo le habían ayudado para sostener su ministerio. El apóstol les escribe desde una prisión en Roma diciendo: *"Sin embargo, han hecho bien en participar conmigo en mi angustia. Y ustedes mismos, filipenses, saben que en el principio de la obra del evangelio, cuando salí de Macedonia, ninguna iglesia participó conmigo en mis ingresos y gastos, excepto ustedes"* (Filipenses 4:14-15, NVI). Deberíamos aprender de la iglesia en Filipos, que a pesar de sus propias carencias supieron compartir y no vacilaron en ir en ayuda para atender las necesidades de los que no tenían. No hay excusas para no ser generosos; aun cuando tengamos poco, de ello podemos compartir con otros.

Ser generoso no solo tiene que ver con dinero. También podemos ofrecer nuestro tiempo. Nuestro tiempo es valioso y lo importante es que puede ser invertido en otras personas. Sólo por mencionar algunos ejemplos: La fundación Damas de Blanco cumple una hermosa tarea asistiendo a los enfermos en los hospitales. Otra forma, colocando a disposición de la iglesia nuestros dones y talentos para suplir alguna necesidad o cumplir algún servicio. Enviando un saludo afectuoso a alguien que tal vez está pasando un tiempo de soledad. Escuchando a otros o dando algún consejo. Prestando atención a las personas de edad avanzada. Ofrendando o entregando nuestros diezmos. El asunto es que no nos faltarán ocasiones para hacer el bien y expresar el amor de Dios.

Pero fijémonos en algo importante; conversando con un buen amigo acerca de este tema, me preguntó: "¿Qué actitud se debe tomar hacia esas personas que vienen a nosotros, especialmente a los templos, a pedir dinero, pero a veces lo que les damos lo venden y compran licor o droga, y la eventual ayuda sirve para aumentar sus vicios? ¿Qué se puede decir o hacer en estos casos?". Mi respuesta a esta situación

> *Al conectarnos con las necesidades de otros haciendo actos de solidaridad, por pequeños que sean, pueden hacernos sentir muy bien.*

se basa en el consejo paulino. El apóstol dice: *"Por tanto, siempre que tengamos la oportunidad, hagamos bien a todos y en especial a los de la familia de la fe"* (Gálatas 6:10, NTV). Creo que nuestra generosidad debe ser bien direccionada; comenzando en el mismo seno de la comunidad de fe, debe extenderse hacia afuera. Sin embargo, debemos tener la precaución de no ser utilizados para que con nuestra ayuda alimente el vicio de otras personas.

Particularmente, he aprendido durante los años la lección en cuanto al tema de dar y de diezmar. He comprendido los principios bíblicos que han traído múltiples bendiciones a mi vida y ministerio.

Cuando recién me uní en matrimonio con Dorka, hace ya cincuenta y dos años, tuvimos un inicio económicamente muy limitado; éramos pastores de una pequeña congregación en un sector rural en el sur de nuestro país. Pero experimentamos el cuidado de Dios en nuestras vidas reiteradamente de forma milagrosa. Hoy podemos decir que Dios nos ha cuidado y bendecido de una manera maravillosa durante nuestra vida, y por esa misma razón he aprendido el principio de la generosidad. Él ha usado diferentes personas en diferentes circunstancias para bendecir nuestras vidas. Hay testimonios y experiencias que sería largo mencionar.

Durante los años también he descubierto la bendición de compartir con otros aquello que Dios me ha dado. En ocasiones he oído aquella voz interna de Dios en mi espíritu que me guía a bendecir a otras personas, y creo que al hacerlo estoy honrando a Dios y sembrando una semilla que en algún momento dará frutos. De todas las experiencias que he recogido al respecto, hay una que recuerdo muy vívidamente. En cierta ocasión en tiempo de invierno llegó al lugar de reuniones una persona de escasos recursos con muy poca ropa para capear el frío de esa tarde. Yo percibí claramente que Dios me estaba dirigiendo a que sacara mi parka nueva y se la diera a esta persona. No dudé en hacerlo, situación que me agradeció mucho. Sin embargo, pasado unos días, otra persona se me acercó y me dijo "¿sabe?, quiero hacerle un regalo", y dejó en mis manos un sobre con dinero que contenía el valor de la parka que había dado. Imagínense cómo me sentí al experimentar la preocupación de Dios; él nunca deja sin recompensa a quien da con un corazón de amor.

Muchas personas nunca han experimentado la alegría de practicar la generosidad y tampoco conocen la satisfacción de honrar a Dios con sus ofrendas y diezmos. Pero de la misma forma, no han disfrutado de los resultados que pueden venir sobre sus vidas. Porque cuando damos, aparte de que Dios nuestro Padre siempre nos retribuye, hay otros resultados que vienen como añadiduras. Por ejemplo, reducimos los niveles de estrés y ansiedad, porque dejamos de preocuparnos de nuestras propias necesidades y nos concentramos en las necesidades de otros, y de esta manera el dar se convierte en una terapia emocional. Además, puede que en algún momento otros nos devuelvan la mano cuando lo necesitemos.

Para muchas personas la vida es una historia de decepciones y frustraciones, su existencia terrenal está cubierta por las sombras del fracaso y toda posibilidad de alcanzar una vida plena se escurre como agua entre los dedos; en otras palabras, la vida plena para ellos es una utopía. Pero a la inversa, en este libro estamos hablando de que sí es posible alcanzar la plenitud de la vida, y una de las expresiones máximas de ese estilo de vida se caracteriza por la generosidad.

El asunto es que conforme leas este capítulo y apliques este principio en tu vida aprenderás cómo puedes experimentar el verdadero gozo de dar. Tener un corazón generoso es un hábito que hace una verdadera diferencia en nuestras vidas, de modo que la verdadera grandeza y plenitud de la vida se expresa dando.

La generosidad nos ayuda a hacer más grata la vida de otras personas y eso se revierte en nuestro propio bienestar, porque beneficia nuestra salud física, mental y emocional. Se dice que existen estudios comprobados científicamente que al ayudar a los demás se liberan hormonas como la oxitocina, conocida como la hormona de la felicidad, que nos permite sentirnos emocionalmente bien.

Al conectarnos con las necesidades de otros haciendo actos de solidaridad, por pequeños que sean, pueden hacernos sentir muy bien. Leí el caso de una joven que presentaba graves problemas de anorexia, con un temor intenso a aumentar de peso y una muy baja autoestima, entre otros males. No aceptaba su cuerpo y solo pensaba en morir. La psiquiatra le aconsejó como parte de su tratamiento que participara en actividades en un centro de voluntariado en India, con el fin de hacer algo por los demás y, a la vez, para que valorara las cosas buenas con que contaba.

Desde el primer momento que la joven llegó a ese lugar fue golpeada por la dura realidad que atravesaban otras jóvenes de esa localidad, que estaban más golpeadas que ella y suplicaban por un poco de comida para sobrevivir; mientras que ella tenía alimento en abundancia y una habitación cómoda. La muchacha sintió que no estaba bien y que debía reenfocar su vida. Al paso de los meses comenzó a sanar su mente y a darse cuenta de que hacer el bien a otras personas que sufren es un mecanismo para sentirse bien ella misma.

Miriam Rojas Estapé, autora del libro *Recupera tu mente, conquista tu vida*, señala que hay estudios que avalan que el darse a los demás en actos de bondad influye en la salud física, mejorando la frecuencia cardiaca, potenciando el sistema inmune y el estado de ánimo.

El apóstol Pablo, en su afán de motivar a los líderes de la iglesia en Éfeso para que alcancen un nivel mayor de desarrollo en su vida cristiana, en su discurso de despedida los exhorta con las palabras que Jesús mismo había dicho: *"Más bienaventurado es dar que recibir"* (Hechos 20:35, RVR60). Esta frase del Maestro encierra la esencia de la generosidad. Quien cultiva el principio de dar o de ser generoso es una persona feliz o dichosa.

En resumen, abrir el corazón para compartir con otros lo que tenemos genera una sensación de satisfacción y bienestar. Esto coincide con la opinión de los expertos en salud mental que dicen que el acto de ayudar desinteresadamente no solo beneficia a quien recibe la ayuda, sino además produce un impacto de satisfacción en quien la otorga. Pero, reiteremos, esta virtud no solo se limita a dar dinero o cosas materiales, porque muchas veces lo que otras personas requieren no es precisamente dinero, sino nuestra compañía, nuestra atención, una sonrisa, afecto o algún consejo.

El desafío está frente a nosotros. Ahora pensemos cómo podemos colocar en práctica esta enseñanza y tengamos un corazón generoso para servir a otros compartiendo de lo que Dios nos ha dado.

"Da con generosidad y serás más rico; se tacaño y lo perderás todo. El generoso prosperará y el que reanima a otros será reanimado" (Proverbios 11:24-25, NTV).

Oración

Padre Celestial, en este día me dirijo a ti agradecido por todas las bendiciones que me has dado, reconozco que todo lo que tengo viene de ti. Gracias porque sin merecerlo me has amado tanto. Hoy te pido que me ayudes para tener un corazón generoso que aprenda amar y compartir con otros de lo que tú me has dado, sabiendo que al hacerlo estoy demostrando mi fe y dependencia de ti. Señor, gracias por ser mi proveedor. Amén.

Capítulo 7
Un estilo de vida

Hay muchas razones por las cuales deberíamos estar agradecidos; por todas las cosas buenas que hemos recibido, pero a la vez, por aquellas que aparentemente no lo son. Gracias por la vida, por la salud, por la familia, por los amigos, por el trabajo, por las fuerzas recibidas para enfrentar cada día. Siempre habrá una razón para estar agradecido, incluso cuando las cosas no marchan tan bien como quisiéramos.

Se dice que la gratitud es la madre de todas las virtudes.

Hacer de la gratitud un estilo de vida constante nos llevará a experimentar cómo nuestra vida comienza a cambiar para mejor. Adoptar el ejercicio de la gratitud desde las primeras horas de la mañana y al final de cada día antes de irnos a descansar nos proporcionará beneficios impresionantes, nos llenará de energía y de fuerzas para enfrentar las circunstancias de la vida.

UN VALOR IRREEMPLAZABLE

Imagino que, si todavía tienes este libro en las manos es porque, al igual que yo, tu filosofía de vida no se limita con sólo existir, sino más bien tu anhelo es disfrutar de la plenitud de la vida, y una de las características de este nivel de vida es desarrollar una mentalidad de gratitud. La gratitud es aquella disposición del ser humano a valorar lo que posee y apreciar un favor o beneficio recibido, sentimiento que se expresa a través de palabras y acciones.

Dar gracias es un indicador de la grandeza del ser humano. De ahí que el apóstol Pablo diga en una de sus cartas de una manera muy taxativa: *"Den gracias a Dios en toda situación, porque esta es su voluntad para con ustedes en Cristo Jesús"* (1ª. Tesalonicenses 5:18, NVI). Pablo no dice: "den gracias cuando se sientan con un buen estado de ánimo o cuando lo consideren necesario". ¡No! Simplemente dice: *"Den gracias a Dios en toda situación"*. Es más que una sugerencia, es una expresión que lleva implícita un sentido de mandamiento.

Es fácil olvidarnos que este tema es uno de los grandes valores que todos deberíamos cultivar. Se dice que la gratitud es la madre de todas las virtudes. Es un estilo de vida que nos aparta del descontento, el egocentrismo, la insatisfacción y la amargura, llevándonos a una existencia más saludable y feliz; por eso, el apóstol Pablo, exhorta: *"Den gracias en toda situación"*. Aún en los momentos más oscuros de la existencia humana siempre habrá razones para estar agradecidos. Claro que esto no es fácil. Podemos dar gracias cuando todo marcha bien, pero es más difícil cuando estamos en medio de condiciones adversas y dolorosas. Sin embargo, la exhortación paulina dice que debemos dar gracias en todo; es decir, en lo bueno y en lo malo, sin importar qué situación o qué circunstancia podamos estar enfrentando.

Por el contrario, la ingratitud representa uno de los grandes defectos del ser humano. En su segunda carta a su discípulo Timoteo, el mismo apóstol que nos llama a ser agradecidos, presenta una lista con algunos signos muy particulares del carácter de un tipo de individuos que no es difícil encontrar, pues están presentes en todo lugar; Pablo los denomina los hombres de los postreros tiempos; y en este listado aparece el calificativo "Ingratos y malagradecidos"; es decir, no reconocen ni valoran lo que los demás hacen por ellos. (2 Timoteo 3:2 NTV). ¡Atención!, estamos viviendo en esos tiempos peligrosos y ¡cuántas veces nos enfrentamos con individuos tan altivos e incapaces de decir "gracias"! Su patrón de vida es ese, y en la medida que se familiarizan con la ingratitud se van asociando con la disconformidad, la queja y el orgullo.

Se dice que Martín Lutero, el líder de la Reforma Protestante, dijo: "Hay tres perros peligrosos: la ingratitud, la soberbia y la envidia". Estos perros por lo general terminan mordiendo la mano de quien los alimenta; en otras palabras, causan daño a quienes fueron generosos con ellos.

La Biblia y Pablo en particular, quien escribió gran parte del Nuevo Testamento, tiene mucho que decir acerca de este tema. Pero como no es mi intención hacer un estudio bíblico investigativo acerca de la gratitud, ni mostrar todos los textos bíblicos que aparecen al respecto, solamente voy a compartir lo que este apóstol escribe a la iglesia en Colosas. Les reitera la importancia de esta enseñanza con palabras tales como: "*...sean siempre agradecidos*", "*...den gracias a Dios Padre*", "*...rebosarán de gratitud*" (Colosenses 3:15, 17; 2:7, NTV). Estas son expresiones que no solo están dirigidas a los cristianos del primer siglo, sino también nos desafían a nosotros los seguidores de Cristo en este tiempo. Debemos distinguirnos por un estilo de vida que destila palabras y acciones inundadas de la virtud que estamos considerando.

Un buen ejercicio es hacer una lista de algunas razones para estar agradecidos. Al despertar, antes de empezar nuestras tareas, ¡qué bien nos hace iniciar cada día agradeciendo! Junto con abrir nuestros ojos y darle gracias a Dios, podemos decir: "Hoy será un gran día, no daré lugar a la queja; seré una persona agradecida". Si comenzamos a hacer esto sistemáticamente, vamos a estar creando un hábito que se irá volviendo parte de la médula de nuestra vida y veremos cómo esa actitud se transforma en un antídoto del resentimiento, la amargura y la soberbia, y disfrutaremos de una mejor calidad de vida. Cada día es un nuevo desafío, una nueva oportunidad para hacer algo significativo, comenzando desde una mentalidad agradecida.

Observemos esta historia. Imagínate esta escena. Mientras Jesús viajaba desde Galilea a Jerusalén, se encontró con diez hombres enfermos de lepra. En ese entonces, quienes padecían de esta enfermedad eran considerados inmundos y desechados de la sociedad, obligados a vivir solos e impedidos de entrar en contacto con otras personas sanas. Cuando ven a Jesús le gritan de lejos: "Señor ten misericordia de nosotros". Como un acto de fe, Jesús les mandó que se fueran a presentar a los sacerdotes, quienes tenían la autoridad de declarar limpios a este tipo de personas, y después de este protocolo, podrían volver a vivir con el resto de la comunidad. Los diez se ponen en marcha y mientras iban, éstos fueron sanados. Pero sólo uno volvió a darle las gracias a Jesús por la sanidad que había recibido. Al ver esto Jesús muestra un grado de decepción y pregunta: "¿No fueron diez los que fueron sanados? ¿Dónde están los otros nueve?". Se habían ido y seguramente habían vuelto a sus hogares, olvidándose de quien les había hecho el milagro de la sanidad. Entonces, volviéndose al que había regresado agradeciendo por su sanidad, le dijo: "Tu fe te ha salvado". La gratitud de este hombre fue lo que le llevó a disfrutar de una mejor vida, porque recibió la salvación. La sanidad del cuerpo es algo temporal, la salvación tiene una trascendencia eterna. (Historia narrada en el evangelio de Lucas 17:11-19).

Dios ha prometido proveer más de lo que podemos imaginarnos, pero debemos estar en el lugar donde podamos recibirla. Ese lugar es la gratitud.

En definitiva, este episodio nos lleva a entender de mejor manera el impacto del agradecimiento. Trasciende más allá del ámbito netamente material o físico que Dios puede proporcionarnos como lo es una sanidad del cuerpo, nos conecta con una dimensión de esperanza y propósito eterno. Para las personas agradecidas siempre habrá una recompensa mayor. Entre más gratitud expresamos más posibilidades tenemos de disfrutar una vida abundante.

Debemos aprender a apreciar lo que tenemos. A veces damos por obvio que las cosas que poseemos son como si las mereciéramos. Damos por sentado cosas tan cotidianas, pero a la vez tan importantes, tales como tener un hogar, comida, familia, agua, ropa limpia para usar o una cama limpia para dormir, etc., cuando en verdad hay muchos que desearían tener lo que nosotros tenemos. Solamente para mencionar un ejemplo, se dice que existen unos 828 millones de personas que sufren de hambre en el mundo (UNICEF, 2021). También damos por hecho tener salud, cuando en efecto hay mucha gente que se levanta enfrentando dolores crónicos. David nos motiva en el Salmo 103 a bendecir a

Dios por todo lo recibido. Cada día es una nueva oportunidad para expresar a Dios nuestro amor y gratitud, y que nuestras palabras no sean de queja sino de alabanza.

Un corazón agradecido no olvida ninguno de los favores recibidos, tanto de Dios como también de otras personas. Pero tengo la impresión de que todos conocemos algún caso de alguien cuyo carácter le dificulta expresar gratitud y a veces esta es una experiencia más común de lo que creemos. ¿Cuántas historias hay de personas que después de haber recibido favores o que se les ha apoyado en los momentos que más lo necesitaban pronto se olvidan de ello?

Pensando en esto, creo que este es un síndrome que afecta con frecuencia a los jóvenes y adolescentes de esta generación, a quienes sus padres o cuidadores le han dado toda su dedicación y buenos deseos y a cambio reciben como retribución quejas y falta de afecto y de respeto. Debido a que vivimos en una sociedad en la cual se exaltan los derechos individuales por sobre los deberes es que se está produciendo una generación de individuos carentes de gratitud, que creen que todas las demás personas están obligadas a suplir sus necesidades sin que ellos tengan el mínimo sentido de retribución.

Bien nos hace recordar lo que Miguel de Cervantes, en su magistral obra *Don Quijote de la Mancha*, dice: "De gente bien nacida es agradecer los beneficios que reciben y uno de los pecados que más a Dios ofende es la ingratitud".

BENEFICIOS DE LA GRATITUD

De acuerdo con los diferentes estudios que se han hecho en el campo de la psicología, se ha descubierto que los beneficios de practicar la gratitud se pueden comprender desde una perspectiva emocional como racional, de modo que puede generar un impacto significativo en el bienestar mental y emocional. Se asocia con un aumento en las emociones positivas, tales como la alegría, la satisfacción y la esperanza. Ayuda a reducir las emociones negativas como la envidia, la ansiedad, el estrés y la depresión, fortalece las relaciones interpersonales, fomentando el aprecio y el reconocimiento mutuo, lo que conduce a un mayor sentido de conexión y empatía.

Esa sensación de querer tener más, o medirnos a través de los logros de otras personas impide que disfrutemos de una vida plena.

En el aspecto espiritual, desarrollar en nuestro día a día una actitud de gratitud a Dios prepara el camino para recibir aún bendiciones mayores. El texto bíblico dice: *"No se preocupen por nada; en cambio, oren por todo. Díganle a Dios lo que necesitan y denle gracias por todo lo que él ha hecho"* (Filipenses 4:6, NTV). No tienes que preocuparte ni andar corriendo tras las cosas que deseas, la bendición vendrá. Dios ha prometido proveer más de lo que podemos imaginarnos, pero debemos estar en el lugar donde podamos recibirla. Ese lugar es la gratitud. Entonces, podemos vivir tranquilos, no perseguimos las cosas que deseamos, sino más bien las atraemos cuando estamos en el lugar correcto.

Sólo por mencionar un ejemplo, cuando Jesús llegó a la tumba de Lázaro (Juan 11), hizo una oración al Padre, diciendo: *"Gracias porque siempre me oyes"* y luego dijo en alta voz: *"Lázaro, sal fuera"*. ¿Imaginan la escena? Lázaro llevaba cuatro días en el Paraíso y de un momento a otro escuchó una voz potente del Señor que le llamaba y salió del sepulcro, frente al asombro de todos quienes acompañaban al Maestro. ¿Qué observamos aquí? Algo muy importante que a veces suele pasar inadvertido. Que la gratitud de Jesús antecedió a la respuesta del Padre. Éste es un principio espiritual; una persona agradecida siempre debe esperar algo mejor.

Guardo en mi corazón una experiencia de hace varios años. Me había unido a trabajar con el misionero Carlos Hagwall, en Viña del Mar. La pasión de Carlos era la formación de nuevos obreros, y se requería la consolidación de un Instituto Bíblico. En los primeros años arrendamos una casona en un sector de la ciudad, pero el objetivo era construir un edificio para tal efecto. La iglesia local con gran esfuerzo adquirió un terreno y nuestro próximo paso fue orar y dar gracias a Dios por los recursos que vendrían para concretar este sueño. Tanto la iglesia como el grupo de alumnos dábamos gracias y visualizábamos ese milagro realizado. Carlos tenía unos antiguos amigos en Canadá y cuando supieron de este sueño decidieron apoyarnos económicamente para hacer posible la construcción. La oración de gratitud antes de recibir la respuesta fue fundamental para atraer los recursos de Dios. ¿Cómo olvidar un hecho de esta naturaleza? Dios movió los corazones de personas que no nos conocían, sino sólo por referencias.

La gratitud es una palabra clave, hay algo poderoso en ello. Es un acto de fe. Es como si dijéramos "Señor, aunque no tengo lo que estoy esperando sé que tú ya me has escuchado y lo recibiré a su debido tiempo". Si aprendemos a agradecer por las cosas sencillas y cotidianas, veremos cómo nuestro entorno cambiará y disfrutaremos de bendiciones mayores. Porque cuando colocamos a Dios en primer lugar todo lo demás vendrá. Jesús dice en Mateo 6:33 (NVI): *"Más bien, busquen primeramente el reino de Dios y su justicia, y todas estas cosas les serán añadidas"*.

Estaba sirviendo como pastor en esa misma iglesia en Viña del Mar y nos visitó un predicador de Suecia, con quien tuvimos una serie de reuniones especiales. En uno de esos momentos de conversación, le dije "yo conozco sólo una palabra en sueco"; él preguntó ¿cuál? Yo le respondí *tack*, y me respondió con su voz grave "qué bien, qué bien, esa palabra te abre todas las puertas". *Tack* significa "gracias" y de seguro que cuando somos agradecidos se abren las puertas de las oportunidades y cual un imán atraemos las bendiciones hacia nuestras vidas, porque este es el lenguaje que mueve el corazón de Dios.

Una vida enfocada en la gratitud antecede a muchos milagros registrados en la Biblia, uno de ellos es el que encontramos en Mateo 14:19-21, NVI: *"Y mandó a la gente que se sentará sobre la hierba. Tomó los cinco panes y los dos pescados, y mirando al cielo, los bendijo. Luego partió los panes y se los dio a los discípulos, quienes los repartieron a la gente. Todos comieron hasta quedar satisfechos, y los discípulos recogieron doce canastas llenas de pedazos que sobraron. Los que comieron fueron unos cinco mil hombres, sin contar a las mujeres y a los niños".*

Los discípulos no contaban con lo necesario para hacer lo que Jesús les estaba pidiendo que hicieran, sólo tenían cinco panes y dos pescados, pero aquello fue suficiente para alimentar a esa inmensa multitud. ¿Por qué ocurrió esto? Porque la gratitud precede a la provisión. Si aprendemos a ser agradecidos a pesar de las carencias o necesidades que podamos estar enfrentando, experimentamos de alguna u otra forma la provisión divina. Recuerda siempre este principio: la razón del por qué a algunas personas les va bien y a otras no, la respuesta es la gratitud, porque siempre el tamaño de tu gratitud determinará el tamaño de la grandeza de tu vida.

LA GRATITUD DEBE SER EXPRESADA

Éste es un sentimiento que nos mueve a la acción. Cada amanecer es una nueva posibilidad para profundizar nuestra gratitud. Este es el momento ideal para practicar la gratitud por lo que tenemos y no sufrir por aquello que no tenemos. Esa sensación de querer tener más, o medirnos a través de los logros de otras personas impide que disfrutemos de una vida plena.

En el libro de Esdras encontramos un ejemplo clarificador de cómo la gratitud puede ser expresada. El texto dice: *"Con alabanza y agradecimiento entonaron el siguiente canto al Señor: ¡Él es tan bueno! ¡Su fiel amor es para siempre! Luego todo el pueblo dio un fuerte grito, alabando al Señor, porque se habían echado los cimientos del templo al Señor"* (Esdras 3:11, NTV). ¿Cuál es el contexto de este texto? Los judíos estaban reedificando el templo que había sido destruido por el Imperio Babilónico (año 587 a.C.) Al ver cómo se iniciaba esta obra, que para ellos era un sueño que se concretaba, expresaban con cantos la alegría su gratitud al ver que su casa comenzaba a reconstruirse. Las personas de más edad que habían visto el primer templo y ahora veían los cimientos de éste lloraban de agradecimiento por lo que Dios les estaba permitiendo vivir. Había llegado el tiempo de reconstruir el templo que por tantos años había estado en ruinas. Este fue, sin duda, un gran momento.

Nosotros, de la misma manera como estos antiguos judíos, ¿cómo no vamos a dar gracias a Dios por lo que él nos ha dado? David decía *"...y no olvides ninguno de sus beneficios"* y luego menciona: *"Él perdona todos tus pecados y sana todas tus dolencias; él rescata tu vida del sepulcro y te cubre de amor y compasión; él colma de bienestar tu vida y te rejuvenece como las águilas"* (Salmo 103:2b-5, NVI).

Uno de mis pasajes favoritos de la Biblia es el capítulo uno del libro de Jeremías. Cuando Dios me llamó al ministerio se hicieron muy fuerte en mí estas palabras que Dios dijo al profeta Jeremías. Creo que este es un mensaje para toda persona que ha sido llamada a servir al Señor: *"La palabra del Señor vino a mí: Antes de formarte en el vientre, ya te había elegido; antes de que nacieras, ya te había apartado; te había nombrado profeta para las naciones. Yo respondí: ¡Ah, Señor mi Dios! ¡Soy muy joven, y no sé hablar! Pero el Señor me dijo: No digas: Soy joven, porque vas a ir adondequiera que yo te envíe, y vas a decir todo lo que yo te ordene. No le temas a nadie, que yo estoy contigo para librarte. Lo afirma el Señor"* (Jeremías 1:4-8, NVI).

Yo solo era un jovencito de veinte años cuando salí de mi casa paterna y di el paso de fe y decidí obedecer el llamado e involucrarme en el desafío de consagrar mi vida al servicio del Señor. Desde ese día, hace ya más de cincuenta años, esta pasión del primer tiempo sigue ardiendo en mi corazón con la misma intensidad. Durante esta larga travesía he tenido todo tipo de experiencias, pero ¿cómo no he de estar agradecido de Dios si en medio de todas las circunstancias vividas él ha sido siempre fiel, respaldando el trabajo realizado? A través de estas líneas expreso mi gratitud al Señor.

Vale la pena la vida; a pesar de todos los desafíos que conlleva y con algo tan básico como la gratitud, podemos volvernos protagonistas de nuestra propia historia. Cada día debemos practicarla; ello nos permitirá disfrutar de una dimensión de vida en plenitud. Si pudiéramos ubicar la gratitud en el epicentro de todas nuestras emociones, nos daríamos cuenta de que cada mañana tenemos la oportunidad de vivir conectados con la hermosura de la existencia humana.

Apartemos cada día unos minutos para agradecer.

Oración

Gracias Dios mío por el desafío maravilloso de vivir.
Gracias por mi madre, por el amor y cuidado que de ella recibí desde que me albergó en su vientre.
Gracias por esos días soleados de verano y por ese destello de luz en medio de la penumbra de la tormenta.
Gracias por apoyarme y animarme a seguir cada día adelante a pesar de las adversidades que se presentan en el camino.
Gracias por mi país, esta tierra linda que ha sido mi hogar y que me ha enseñado a vivir en libertad.
Gracias por mi esposa, la compañera maravillosa en la aventura de la vida, por ser esa chispa que ilumina cada rincón de mi alma.
Gracias por mis hijos, mi corona de honra y el mayor legado que puedo dejar en este mundo.
Gracias por mis nietos, porque ellos son la proyección de mi existencia y la extensión de mis sueños.
Gracias por cada amigo, compañeros de ruta, por estar ahí y ser el eco de risas compartidas.
Gracias Dios mío por darme la oportunidad de vivir. Gracias porque tú me conduces a una existencia plena. Amén.

Capítulo 8

Conexiones significativas

Rodearte de personas correctas que sean un aporte a tu desarrollo, que crean en ti y te inspiren a seguir alcanzando tus metas sin duda que son vínculos muy positivos. En lo posible deben ser mejores que tú, porque cuanto mejor sean ellos, mayor será tu bienestar y calidad de vida; su ejemplo te ayudará a seguir creciendo.

A pesar de sus destacadas competencias y el raudal de experiencias que tenía nunca lo vemos trabajando solo, por el contrario, siempre formó parte de un equipo, consciente de que como ser humano necesitaba generar conexiones con otras personas; me refiero a Pablo. Por ejemplo, en la narración descrita en su carta a los filipenses, deja suficientes pruebas de que había construido una relación de compañerismo con una persona llamada Epafrodito. Lo denomina "compañero de milicia". Pablo construyó una relación muy significativa con él, donde se desarrollaron valores tan importantes como la generosidad, la lealtad, la confianza y el servicio (Filipenses 2:25-30).

CONSTRUYAMOS RELACIONES SIGNIFICATIVAS

En Génesis, o libro de los comienzos, el escritor sagrado señala que Dios dijo: *"Hagamos al ser humano a nuestra imagen y semejanza"* (Génesis 1:26, NVI). Es decir, la Trinidad misma refleja esa conexión y compañerismo al decir "hagamos", y de esa relación intrínseca crea e imparte vida al ser humano. ¡Qué desafiante resulta este pensamiento! Al crear conexiones sanas y significativas con otras personas podemos generar o dar a luz cosas nuevas, tales como nuevas visiones, nuevos sueños, o mirar la vida desde una perspectiva distinta, del mismo modo que el ser humano nació de una conexión divina.

Desarrollar conexiones con otras personas produce una sinergia esencial que contribuye a nuestro desarrollo personal. Contar con personas de confianza impacta nuestra salud mental, emocional y se potencian nuestras habilidades y esto nos conlleva a ser más efectivos y nos permite lograr una vida más satisfactoria. "El todo es algo más que la suma de las partes". Quienes trabajan en pastelería saben que una torta es más que harina, leche, huevos, azúcar, etc. Cuando estos elementos se unen bajo la mano del pastelero, se produce algo nuevo y distinto y mucho mejor. Esta es una ilustración de lo que se logra a través de las conexiones saludables.

Tomemos el modelo de Jesús. Él dijo: *"Les di mi ejemplo para que lo sigan. Hagan lo mismo que yo he hecho con ustedes"* (Juan 13:15, NTV). En relación con lo que tratamos, él reunió alrededor de sí a tres diferentes tipos de personas: las multitudes que le seguían, a sus discípulos a quienes formó y aquellos más íntimos. Estos íntimos eran solamente tres, Pedro, Santiago y Juan, y a ellos el Señor les permitió que lo conocieran desde una dimensión única y distinta cuando subió con ellos al Monte de la Transfiguración. Allí Jesús se transformó, su rostro brilló como el sol y sus vestiduras se volvieron blancas. Una nube los cubrió y se oyó la voz del Padre que decía: *"Este es mi Hijo amado, a quien he elegido, escúchenlo"* (Mateo 17:5, DHH).

Sólo estos tres tuvieron esta extraordinaria experiencia de ver a Cristo glorificado; sin embargo, de estos tres el Señor escogió a uno para tener una relación aún más cercana y profunda, a Juan, y fue éste quien le acompañó hasta la muerte mientras los otros le abandonaron. Juan tuvo el honor que los otros no tuvieron, el Maestro le delegó la responsabilidad de cuidar a su madre, y a la vez recibió el privilegio de tener la revelación del Apocalipsis.

¡Cuán importante es contar con estas conexiones íntimas! Podemos generar una mayor profundidad en nuestras relaciones con quienes pertenecen a este círculo más cercano y ser edificados mutuamente.

Quienes disfrutan de una vida abundante conocen la importancia que tiene saber escoger bien a quienes vamos a dejar entrar a nuestro círculo íntimo para lograr conexiones interpersonales de calidad. Cuando abrimos el corazón con esas personas cercanas y compartimos de una manera más profunda es cuando estas conexiones nos enriquecen y contribuyen a nuestro bienestar.

Mantener una red de apoyo con personas cercanas que comparten los mismos intereses nos ayuda a evitar la soledad y el aislamiento tan propio de este tiempo, que se caracteriza por la excesiva ocupación, el individualismo y la competitividad que genera que las relaciones entre las personas sean cada vez más superfluas.

Contar con la certeza de que tenemos en quien confiar, ya sea en los momentos de alegría o de tristeza, va a determinar en gran medida la calidad de nuestras relaciones y el nivel de felicidad que logremos en la vida. Son estas interacciones un apoyo que nos fortalece en los momentos difíciles y nos ayudan a enfrentar los desafíos con mayor confianza.

Por eso, el mayor error que podemos cometer es elegir vivir solos, porque estamos aquí para ayudarnos unos a otros. Queriendo brillar solos, nadie llega muy lejos. Por tanto, nuestro desafío es buscar a esos compañeros de ruta y una vez que contemos con ellos valorarlos y cuidarlos.

Los desafíos y circunstancias que enfrentamos en ocasiones nos limitan a tener sólo una óptica cegada acerca de ciertas situaciones y no vemos otras posibilidades. Pero en esa acción de vincularse entre dos o más personas, surge esa apertura que enriquece y nos ayuda a abrir nuestra mente a nuevas perspectivas.

Pero es posible que estés pensando en aquellos que traicionan nuestra confianza. Tal vez me preguntes, "y ¿tú no has sido nunca defraudado por alguien a quien incluiste en tu círculo íntimo?". Mi respuesta es sí. He sido desilusionado no solo una vez, porque he depositado mi confianza en ciertos individuos y luego me han dado una puñalada por la espalda. Sin embargo, sigo creyendo que caminar acompañado es mejor que hacerlo solo. Algunos han fallado, pero no todos.

Tengo el enorme privilegio de contar con algunos buenos compañeros de milicia, con quienes hemos cultivado durante el tiempo un soporte mutuo, conjugando

Cuando nos rodeamos de gente adecuada, sus conocimientos y experiencias nos elevan; por el contrario, existe un tipo de personas de las cuales debemos alejarnos.

experiencias, conocimientos, preocupaciones y colaboración. Por lo general, he descubierto que compartimos cargas, problemáticas y visiones similares.

LA IMPORTANCIA DE FILTRAR

Una red de apoyo es fundamental para nuestro bienestar emocional, mental y social; siempre nos va a generar beneficios valiosos. Sin embargo, debemos filtrar bien a quienes dejamos entrar a nuestro círculo íntimo, pues no todas las conexiones nos son favorables. Hay personas tóxicas que no nos aportan nada; de ellas se debe huir.

Debemos tener en cuenta algunos conceptos que han quedado como aprendizaje de experiencias personales, tales como no fiarse tan rápidamente, ir dando confianza en la medida que veamos reciprocidad, observar las personalidades de los individuos y no confiar en alguien a quien no conocemos bien. Alejarnos de aquellos que matan nuestros sueños y que intentan colocar límites a nuestras capacidades. Tendríamos que preguntarnos, ¿quiénes son las personas que nos aportan, nos levantan, nos animan y celebran nuestros logros?

Quienes estudian el comportamiento humano recomiendan que este tipo de relaciones no deben ser demasiado amplias. En el caso de Jesús, observamos que él generó una relación más íntima con tres de sus discípulos y en forma especial con uno, aun cuando a sus doce hombres más cercanos les llamó amigos.

Es bueno recordar el proverbio que dice: "*...una persona sabia gana amigos*" (Proverbios 11:30, NTV). La expresión "gana" que emplea el proverbista involucra esfuerzo e intención de enfrentarnos a situaciones como a las de un concurso público donde existe la posibilidad de perder o ganar, pero en este desafío la probabilidad de ganar siempre será mayor de lo que arriesgamos.

Ser intencionales en cuanto a "ganar" amigos requiere la disposición de dar; en este caso, no me refiero a dinero, sino de hacer gestos que fortalezcan estos lazos de armonía. Hay formas sencillas para mantener una relación saludable como, por ejemplo, hacer una simple llamada telefónica para saber cómo está la otra persona o una videollamada, o compartir una conversación junto a un café o un almuerzo dominical, puede ser un momento de conexión increíble, bajo el entendido que lo mejor que podemos dar no es lo que tenemos sino lo que somos.

Cuando no sabemos establecer vínculos interpersonales correctos, se termina escogiendo a amistades que se transforman en un factor de riesgo. Un ejemplo de estas malas conexiones que se hacen es la experiencia que tuvo Amnón, uno de los hijos del Rey David; siguió los consejos equivocados de Jonadab, quien lo indujo a violar a su hermana Tamar. Son increíbles los límites a los que se puede llegar cuando no escogemos bien nuestras amistades, pueden ser éstas una contribución positiva o arruinar completamente nuestra vida. De ahí la importancia de ser selectivos a la hora de escoger a quienes vamos a dejar entrar en nuestras vidas. Por eso hablo de ganar o perder.

Conversando con un amigo me dijo algo que nunca voy a olvidar, porque sus palabras resonaron en mí como un eco. Me dijo, "si te juntas con cuatro personas visionarias, tú vas a ser el quinto; si te juntas con cuatro personas exitosas, tú vas a ser el quinto, y si tú te juntas con cuatro personas mediocres, tú vas a ser el quinto". Esta lección no la he olvidado y es una realidad común. Esto concuerda con el conocido refrán "dime con quién andas y te diré quién eres"; es decir, que a través de las compañías que alguien pueda tener se refleja lo que aquella persona es realmente. La moraleja de este refrán nos indica que debemos saber muy bien con qué tipo de persona nos juntamos o nos hacemos acompañar.

El proverbista dice: *"El que anda con sabios, sabio será; pero el que se junta con necios será quebrantado"* (Proverbios 13:20, RVR60). ¡Qué importante es filtrar bien a quienes vamos a dejar entrar a nuestro entorno!, pues esto marca nuestra vida para bien o para mal. Por tanto, debemos ser selectivos y estratégicos a la hora de escoger a las personas con quienes nos relacionamos, debido a la influencia que pueden llegar a ejercer sobre nosotros. La idea es rodearnos de personas que puedan ayudarnos a lograr nuestros objetivos, pero a la vez a quienes nosotros podamos ayudar.

En el liderazgo eclesial he visto casos de personas excelentes, fieles y colaboradoras en la comunidad de fe a la que pertenecen. Pero han entrado en comunicación estrecha con individuos negativos y quejumbrosos que no se satisfacen con nada y pronto han caído en ese mismo estilo de vida. Las relaciones interpersonales son importantes, pero debemos discernir quiénes son aquellas personas que nos ayudan a crecer y quiénes son aquellas que nos frenan. Cuando nos rodeamos de gente adecuada, sus conocimientos y experiencias nos elevan; por el contrario, existe un tipo de personas de las cuales debemos alejarnos.

La pregunta que surge entonces es: ¿cómo construir relaciones más armoniosas y duraderas? Existen ciertos pilares fundamentales que son parte de la filosofía que forja una vida plena, de los cuales voy a mencionar algunos.

SER AUTÉNTICOS Y TRANSPARENTES

Estos son valores fundamentales a la hora de crear relaciones interpersonales. Una persona auténtica es sincera, con una identidad tan marcada que permite ser predecible para los demás en cuanto a que no hay sorpresas en su manera de actuar o relacionarse, además es transparente, no finge con caretas lo que no es, sino más bien siempre se presenta en toda circunstancia como alguien genuino y consecuente entre lo que piensa, dice y hace. Vive lo que realmente es sin presunción alguna.

En una sociedad donde por lo general se vive de las apariencias, una persona auténtica es alguien creíble y confiable, porque actúa siempre de acuerdo con sus valores y creencias y es fiel a lo que es en su esencia, mostrando frente a los demás lo que realmente es. Reconoce sus virtudes y defectos, acepta sus limitaciones con sinceridad. Cuando tiene que dar a conocer su opinión o su punto de vista lo hace de una manera asertiva, con honestidad y respeto, aunque difiera de los demás, y cuando contrae un compromiso lo cumple. Este tipo de personas generan confianza y respeto.

¡Es crucial que seamos alguien auténtico y transparente! Es la clave para mantener una relación saludable y es el reflejo de una vida abundante. Esto no es magia, es una decisión que conscientemente debemos elegir cada día. Esta actitud no es sólo posible, es algo esencial.

Analizando algunas realidades es fácil darnos cuenta de que los seres humanos, algunos más que otros, somos inclinados a no decir las cosas de frente (por supuesto, con respeto) y nos vamos por la tangente, o sea, hablamos haciendo un rodeo verbal. Cuando se elimina ese rodeo se corre el riesgo de caer mal en algún círculo. Por ejemplo, a los hoyos de las calles los "expertos" los llaman "eventos", a los mendigos se les dice "persona en situación de calle", al aborto se le llama "interrupción del embarazo" y a la eutanasia también se le asocia con la "muerte asistida" dependiendo de si un médico provoca la muerte de la persona o es quien provee al paciente de los medicamentos que la causarán la muerte. ¿Hay que transformarse en cínico o hipócrita para no decir al pan, pan; y al vino, vino? Creo que aún nos queda mucho por aprender.

ESCUCHAR ACTIVAMENTE

Otra de las virtudes que nos ayudan a construir conexiones significativas es la habilidad para mejorar la comunicación a través de saber escuchar. Se trata de escuchar con atención para procesar y comprender la información que recibimos y luego ofrecer una respuesta adecuada. Existen ocasiones en las que como seres humanos lo único que necesitamos es que alguien nos escuche. ¿Te has enfrentado a un momento así en tu vida? Es verdad, después que alguien nos ha escuchado es como si nos sacaran una carga no de nuestros hombros, sino de nuestro corazón.

En la búsqueda por comprender mejor el papel de escuchar activamente resulta importante recordar que con frecuencia somos tentados a hablar más que a escuchar. Creemos que sí sabemos escuchar, pero suele ocurrir habitualmente que sólo percibimos lo que nos interesa y no prestamos interés real a lo que dice nuestro interlocutor, porque mientras el otro habla estamos pensando en otra cosa.

Al referirnos a escuchar activamente estamos señalando el valor de mostrar interés por lo que se nos está compartiendo; no se trata solamente de escuchar para responder, sino para comprender, y esto es fundamental para entablar relaciones satisfactorias. Aun cuando entender a otra persona no siempre significa que estemos de acuerdo con ella. Por supuesto, no todos miramos la vida desde la misma óptica. De ahí que bien podemos escuchar, pero seguir viendo las cosas desde otro punto de vista.

Escuchar activamente significa centrarnos completamente en lo que la otra persona está diciendo, mostrando interés en sus palabras y emociones. Al permitir que la otra persona se exprese libremente se sentirá respetada y entenderemos de una mejor manera sus necesidades. Al escuchar estamos creando un puente de confianza y, a la vez, de conexión emocional y espiritual. Sin dejar de mencionar los aprendizajes que obtenemos desde la experiencia de otros, tal como menciona Albert Bandura en su teoría del aprendizaje social, "las personas aprenden de la observación de la experiencia de los demás". Esto no es más que lo que el gran Maestro Jesús dijo a sus discípulos: "*...aprendan de mí...*" (Mateo 11:29, NVI).

Debemos dedicar tiempo a cultivar esto de escuchar activamente, de esa manera quienes están a nuestro alrededor se sentirán valorados y crearemos una atmósfera de seguridad que animará a otras personas a compartir sus pensamientos de una manera más franca. De seguro esto repercutirá en que nuestras relaciones mejoren.

En concordancia con lo que venimos tratando, tiene un valor adicional el hecho de guardar reserva de lo que escuchamos. Hemos oído de casos de personas que han sido decepcionadas, porque quien los escuchó luego difundió lo que se le confidenció. ¡Esta es una actitud horrible! Pero es una realidad, hay gente "boquisuelta", que no guardan nada para ellos. Frente a esto hay quienes prefieren cerrarse a sí mismos y no confiar en nadie más; pero creo que esta no es la reacción correcta. Lo que sí es importante es escoger bien a la hora de establecer vínculos que nos unen a otras personas y saber qué confiar y qué no.

DESARROLLAR EMPATÍA

La empatía es igualmente esencial para mantener relaciones saludables. Es la capacidad emocional que permite a una persona colocarse en el lugar de otro, con el fin de comprender sus sentimientos y experiencias y responder de una manera adecuada e incluso experimentar el dolor que pudiera estar sintiendo. Este es el concepto que quiere realzar Pablo cuando dice: *"Alégrense con los que están alegres; lloren con los que lloran"* (Romanos 12:15, NVI).

La empatía está muy relacionada con la compasión; dicho de otro modo, la compasión es el resultado de ser empático. Sin embargo, no es sentir lástima, sino identificarse con el dolor del otro y hacer todo lo que esté a nuestro alcance para ayudar a solucionar su necesidad. Esta actitud era la que reflejaba Jesús y lo impulsaba a conectarse con las necesidades de los demás: *"Al ver a las multitudes, tuvo compasión de ellas, porque estaban agobiadas y desamparadas, como ovejas sin pastor"* (Mateo 9:36, NVI). Jesús fue sensible a los sentimientos y necesidades de las personas que le rodeaban y mostró un profundo sentimiento de preocupación por quienes le seguían, y esto lo llevó a servirles a través de acciones concretas de acuerdo con sus necesidades.

Jesús demostró su empatía en la expresión más plena al relacionarse con los marginados de la sociedad, con los enfermos, con los pobres y extranjeros. De esta forma se transformó en nuestro modelo inspirador al colocarse en el lugar de los demás y sufrir con aquellos que sufrían.

Esa sensibilidad hacia los demás, entender el dolor del que sufre y sentirlo como propio es lo que debemos hacer nosotros. Saber escuchar, comprender, identificarse con los demás y ser solidarios siempre será un factor determinante que nos ayudará a relacionarnos de una manera más saludable.

Quienes disfrutan de una vida plena son capaces de conectar con las necesidades de los demás y entender el dolor y el sufrimiento.

Un principio que debiéramos tener siempre presente es que uno nunca cumple sus sueños solo, ya que las conexiones abren las puertas físicas que el Padre en lo espiritual ya abrió.

La vida es un viaje fascinante, pero está lleno de altibajos, y para hacer más placentera esta travesía es importante rodearnos de buenos compañeros de ruta. El Señor Jesús dejó establecido los beneficios de este principio de conectarnos con otras personas, al decir: *"...si dos de ustedes se ponen de acuerdo aquí en la tierra con respecto a cualquier cosa que pidan, mi Padre que está en el cielo lo hará. Pues donde se reúnen dos o tres en mi nombre, yo estoy allí entre ellos"* (Mateo 18:19-20, NTV). En otras palabras, Jesús nos está diciendo que si dos o tres de nosotros nos colocamos de acuerdo en un propósito en común, nada nos será demasiado difícil.

Esta enseñanza del Maestro establece un principio que indica que trabajar juntos hacia una visión común es la fuerza que permite que personas comunes logren resultados extraordinarios. Por eso él habla de "dos o tres", no de uno solo. De modo que si podemos inspirar a un par de personas a que vayan con nosotros, podemos hacer cosas extraordinarias.

Este es un paradigma que quienes gozan de una vida plena lo mantienen siempre bajo control; todos los días deberían enfocarse en ser personas que hacen sentir bien a quienes les rodean, pues saben que juntos logramos más que separados. Pero ¿dónde radica la dificultad? Pasa que a veces este estilo de vida se ve empañado porque queremos que los demás piensen y actúen como nosotros y si eso no se consigue entonces afloran las discrepancias que afectan nuestras relaciones más valiosas y, en definitiva, nos llevan a levantar muros y no puentes de comunión. Estos errores deben ser detectados a tiempo; nunca es tarde para hacer florecer nuestras relaciones y nunca será demasiado el esfuerzo que hagamos para lograr mantenernos unidos a través de relaciones firmes y duraderas. Estas relaciones serán siempre una fuente de alegría.

Oración

Padre nuestro que estás en los cielos, te agradezco enormemente por los amigos y compañeros de milicia que me has dado; gracias por su afecto y apoyo, ellos son un regalo precioso en mi vida. Su compañía me fortalece y me llena de esperanza. Te pido que les bendigas con salud y prosperidad, renueva sus fuerzas para que sigan adelante en la concreción de sus sueños e ideales. Amén.

Capítulo 9

Perseverancia

La perseverancia es el esfuerzo continuo para lograr aquellos objetivos que nos hemos propuesto; es mantenerse en el camino hacia la realización de un sueño sin importar las adversidades.

Nadie convierte sus retos en triunfos o sus momentos difíciles en valiosos logros si carece de la fuerza que emana de esa actitud de no darse fácilmente por vencido. Cualquier persona que goza de una vida plena no se amedrenta al encarar los desafíos que pueda enfrentar, no acepta la derrota como respuesta, no se rinde sino hasta lograr el objetivo que se ha propuesto. Siempre su disposición es avanzar y no "tirar la toalla", aunque en el camino encuentre contratiempos.

ENFOCÁNDONOS EN CULTIVAR LA PERSEVERANCIA

En esta sociedad donde todo gira en torno al mínimo esfuerzo, quienes disfrutan de la vida abundante que Jesús prometió saben que las cosas no llegan solas y que para alcanzar los sueños se requiere continuar siempre adelante, aun cuando otros deciden rendirse antes que la carrera termine. A pesar de que en el presente lo que deseamos parezca muy lejano y nuestros proyectos se encuentren paralizados, sólo aquellos que se distinguen por ser audaces e intrépidos y que no le temen a los desafíos son los que no se rinden hasta lograr sus objetivos. Nuestras metas no se hacen realidad por arte de magia, se requiere sudor, determinación y trabajo duro.

La perseverancia es el denominador común de los que avanzan en el logro de sus metas y es el fuego que templa y fortalece nuestro carácter, nos enseña a luchar por lo que queremos y a no permitir que las dificultades nos derroten. De ahí que la Biblia diga que nosotros, quienes somos seguidores de Cristo, no somos de los que retroceden, sino de aquellos que van siempre adelante. Es fácil decir "ya no puedo más" y darse por vencido, pero el escritor de la carta a los hebreos dice: *"Pero nosotros no somos de los que retroceden"* (Hebreos 10:39, RVR60).

En este tiempo caracterizado por la depresión y la falta de deseos por vivir, el desafío es ser parte de ese equipo de valientes que avanzan y no se detienen hasta conquistar la cima, porque tienen su mirada puesta en el galardón. Jesús dijo: *"...el que se mantenga firme hasta el fin será salvo"* (Mateo 24:13, NVI).

Como lo expresé en el primer capítulo, yo tuve mi experiencia de salvación a través de mi fe depositada en el sacrificio de Cristo en la

Hay quienes inician algo con mucho entusiasmo, pero pronto se cansan y su filosofía de vida es ser muy dispersos en lo que hacen, pero lo importante es perseverar, porque de esa manera avanzaremos, nos desarrollaremos y llevaremos frutos.

cruz a los dieciséis años y desde esa época hasta hoy he pertenecido sirviendo al Señor en la misma denominación. ¿He tenido que enfrentar obstáculos? ¡Claro que sí! Ser cristiano no nos exime de las dificultades. He vivido muchas situaciones en que la perseverancia ha sido el bastión que me ha sostenido en las horas de tormenta. Ya son 55 años de servicio ininterrumpido en varias congregaciones del país, tiempo suficiente para ver correr mucha agua debajo del puente. Renunciar frente a los problemas nunca; buscarles solución, sí. Una cosa es cierta, a veces es necesario que tengamos que pasar por el fuego de la prueba o por medio del desierto hostil, temporadas difíciles que traen consigo lecciones que de otra manera no aprenderíamos.

La palabra *perseverar* viene del griego *proskarteréo* (Diccionario Strong), que significa constancia, persistencia, continuar sin desvíos. Este término se usa en Hechos 1:14, donde se nos dice: *"Todos éstos perseveraban unánimes en oración y ruego"* (RVR60). El Señor les había dado a sus discípulos una promesa, que consistía en que recibirían el Espíritu Santo dentro de no muchos días, y este grupo de personas esperó diez días orando hasta que lo dicho por Jesús se cumplió. A veces tenemos la percepción de que el Señor nos ha abandonado o se ha olvidado de sus promesas porque no responde inmediatamente a nuestras oraciones, pero no debemos olvidar que en esos momentos de aparente tardanza se está desarrollando en nosotros perseverancia y fe. Mantenernos quietos es hacer nuestra parte, porque Dios en un determinado momento va a hacer la suya.

Hechos 2:42 es otro texto que habla acerca de lo mismo, de la importancia de la perseverancia. El historiador Lucas nos presenta la vida de la naciente comunidad cristiana en Jerusalén como un ejemplo para nosotros hoy. Esta iglesia nos da la fórmula para obtener un crecimiento espiritual armónico: "*Se mantenían firmes en la enseñanza de los apóstoles, en la comunión, en el partimiento del pan y en la oración*" (NVI). La iglesia apostólica desde sus inicios fue perseverante. Esto resulta muy importante en este tiempo cuando a las personas les cuesta permanecer firmes en una congregación y pareciera que la moda es deambular frecuentemente de iglesia en iglesia sin sentido de identidad.

Recuerdo a una persona que después de permanecer algunos años en la congregación donde yo era pastor, un domingo se me acerca y me comunica que se retira y me expresa su gratitud por el tiempo que había sido atendido por nosotros. Evidentemente, le pregunté la razón del por qué nos abandonaba y quedé sorprendido por la respuesta. Me dijo: "mi costumbre es permanecer en una congregación un determinado tiempo y después me voy a otra". Me di cuenta de que de esa manera había ya pasado por varios lugares de la ciudad. Con esa forma de pensar este individuo nunca va a echar raíces en algún determinado lugar y, por ende, no se desarrollará de una manera normal.

Una de las marcas de un verdadero discípulo de Cristo es ser perseverante en todo lo que haga. Hay quienes inician algo con mucho entusiasmo, pero pronto se cansan y su filosofía de vida es ser muy dispersos en lo que hacen, pero lo importante es perseverar, porque de esa manera avanzaremos, nos desarrollaremos y llevaremos frutos. ¿Cuántos jóvenes inician una carrera en la universidad y luego de un tiempo la abandonan? ¿Cuántos inician un emprendimiento y pronto cambian de giro? Otros toman la decisión de iniciar un proceso de ejercicio físico y conscientes de los beneficios que ello traerá para su salud comienzan a ir al gimnasio, pero a las semanas ya han perdido el interés. Formar el hábito de hacer ejercicio físico regularmente requiere de disciplina, esfuerzo y perseverancia. Lo mismo ocurre con una persona que desea dejar algún vicio. Así como estos ejemplos, la vida en sí requiere que seamos constantes y firmes en nuestras determinaciones. La persistencia es la base para transformar nuestras expectativas en realidad, es elegir un camino, avanzar a través de él hasta llegar a nuestro destino.

En Romanos 2:6-7, el apóstol Pablo nos hace una exhortación a perseverar haciendo el bien. Hacer el bien a nuestro prójimo es una característica que debemos tener, especialmente quienes aspiran a una vida máxima. El apóstol dice: *"Porque Dios pagará a cada uno según lo que merezcan sus obras. Él dará vida eterna a los que, perseverando en las buenas obras, buscan gloria, honor e inmortalidad"* (NVI). El compromiso solidario hacia los más necesitados es digno de alabanza, pero persistir haciendo el bien es aún más valioso.

¿Quién no ha sentido deseos de abandonar una determinada tarea cuando el camino se pone cuesta arriba? No importa cuán difícil sea el momento que enfrentemos, siempre hay una manera de superarlo. Cuando nos encontramos frente al precipicio eso no significa que el mundo se nos viene encima y que todo se acaba. Más bien debemos estar abiertos al cambio, reinventarnos en algo nuevo y seguir con fe y determinación explorando otras opciones. Siempre habrá nuevas puertas que se abren para que avancemos a nuevos desafíos. El Dr. Mario Alonso Puig, un reconocido médico, escritor y conferencista español, dice: "Al mar vas a llegar sí o sí. Vamos a transitar algunas veces entre rocas, otras veces por una llanura, otras veces por medio de un bosque, pero al final vas a llegar".

NO TE RINDAS, PERSISTE

Un ejemplo fabuloso en cuanto al tema que tratamos es la actitud del apóstol Pablo. Mientras estaba prisionero en

Roma, escribió su carta a la iglesia en Filipos, y en una parte de su misiva les dice:

> "No es que ya lo haya conseguido todo, o que ya sea perfecto. Sin embargo, sigo adelante esperando alcanzar aquello para lo cual Cristo Jesús me alcanzó a mí. Hermanos, no pienso que yo mismo lo haya logrado ya. Más bien, una cosa hago: olvidando lo que queda atrás y esforzándome por alcanzar lo que está por delante, sigo avanzando hacia la meta para ganar el premio que Dios ofrece mediante su llamamiento celestial en Cristo Jesús"
> (Filipenses 3:12-14, NVI).

Da la impresión de que Pablo al escribir estas palabras tenía en mente la imagen que caracteriza a los deportistas de alto rendimiento que se esfuerzan, perseveran y no se rinden hasta llegar a la meta.

Recordemos que Pablo durante su vida había logrado muchas cosas que podrían haberle hecho sentirse satisfecho. Había nacido en Tarso, la capital de Cilicia, una gran ciudad, un centro cultural destacado especialmente en el campo de la filosofía. Su educación la había obtenido a los pies de Gamaliel, uno de los maestros más prominentes de la época. Tenía dos nacionalidades, la judía y la romana, lo que lo hacía una persona importante. Llegó a ser miembro del Sanedrín de Israel, lo que para nosotros sería hoy la Corte Suprema de Justicia.

Su conversión al cristianismo fue un verdadero milagro, porque cuando perseguía a la iglesia, Jesús se le presentó personalmente. Su llamamiento al ministerio fue un hecho extraordinario y él mismo dio testimonio de que había sido llamado para ser apóstol desde el mismo vientre de su madre (Gálatas 1:5). Recibió más revelaciones que cualquier otro apóstol, enseñanzas que dejó escritas en sus trece cartas que forman gran parte del Nuevo Testamento. Su servicio fue brillante, ya que hizo tres viajes misioneros recorriendo Asia y Europa, formando iglesias y preparando líderes. Fue predicador y maestro por excelencia, sin duda, un hombre con capacidades extraordinarias.

Cada dificultad debemos transformarla en una oportunidad. Avanzar, no detenerse, es la actitud de quienes disfrutan de una vida plena.

Todo este raudal de experiencias podría haber detenido su desarrollo y haberse quedado en su *statu quo*, pero su temple y su espíritu visionario le hacían ver que todo lo que había conseguido no era nada más que ascender a un pedestal desde donde podía vislumbrar un horizonte aún con mayores desafíos. Por eso decía, *prosigo a la meta* o, en otras palabras, todavía hay camino por recorrer.

Quienes disfrutan de una vida abundante como Pablo son aquellos que no se quedan atrapados en el pasado ni caen en el conformismo, siempre avanzan conquistando nuevos desafíos mirando el futuro con expectativas. Para ellos lo que han logrado hasta el presente es sólo la preparación para lo que está por venir. Su actitud mental los hace pensar que el mejor tiempo está por delante.

Si seguimos pensando en el apóstol Pablo, su vida no estuvo exenta de obstáculos, su camino no estuvo libre de dificultades, sí los tuvo, pero nada de eso lo paralizaron. En sus cartas menciona una serie de circunstancias difíciles que colocaron a prueba su persistencia y tenacidad. No obstante, nada de aquello lo amedrentó ni lo paralizó, su determinación fue siempre seguir adelante.

Lo que se requiere es tener esa capacidad de persistir y levantarnos cuantas veces sea necesario, a pesar de las dificultades que enfrentemos y seguir adelante corriendo la carrera.

NO SE RINDIÓ EN LA ADVERSIDAD

Un amado colega de ministerio que vive en Santa Cruz, Bolivia, un excelente y reconocido expositor y conferencista, de un momento a otro fue afectado por una grave enfermedad que lo llevó a perder completamente su voz.

Me cuenta que, en el mes de junio de 2019, en plena época de pandemia, comenzó a experimentar una pequeña molestia en la garganta, por lo que se fue a descansar esa noche y al día siguiente al despertar se dio cuenta que no tenía voz. Primeramente, pensó que era algo leve y que aliviaría con algún medicamento sencillo, pero no fue así. Pasaron meses y años sin poder comunicarse sino sólo a través de señas. Los médicos especialistas no le daban ninguna esperanza de recuperación. La cuerda vocal izquierda se había paralizado, un nervio que pasa cerca del corazón le había producido un aneurisma en la aorta, ocasionándole una hinchazón tan grande que presionó un nervio que viene a la garganta.

Pasaron tres años de silencio, sólo mirando como los otros hablaban. ¿Se desanimó? Por supuesto que sí, pero su fe no se derribó. Hubo muchas lágrimas, dolor y preguntas sin respuestas. Me dijo: "Mi esposa me vio muchas veces quebrado, llorando; fueron tiempos muy duros. Muchas cosas acerca de la vida ahora se me hacen mucho más claras. Han sido tres años de una escuela por la que no había pasado;

las lecciones que aprendí fueron tremendas". Con todo, su fe fue fortalecida.

Finalmente, un médico argentino que fue trasladado a Santa Cruz lo examinó, estudió su caso y luego lo operó. Y pasados los días y los meses su voz se fue aclarando hasta lograr el nivel normal. Mi amigo no desfalleció en su fe, siguió creyendo y ahora continúa con su labor como predicador.

¿Nos podrán detener los obstáculos o circunstancias difíciles que podamos enfrentar? Puede que a algunos sí, pero no a quienes tienen un corazón de campeón.

No nos detengamos porque hoy las cosas no se nos dan como pensábamos y el camino se nos coloca difícil. Cada dificultad debemos transformarla en una oportunidad. Avanzar, no detenerse, es la actitud de quienes disfrutan de una vida plena.

Muchas de las dificultades que enfrentamos en la vida no logramos superarlas porque somos incapaces de deshacernos de aquellos pensamientos e ideas negativas que mantienen cautiva nuestra mente. A veces, enfrentamos situaciones conflictivas y nos rendimos ante la posibilidad de que no podremos salir de ellas, programamos nuestra mente para el fracaso. Pero no hemos nacido para vivir derrotados ni para fracasar, Dios nos ha dado vida para que con su ayuda le ganemos a las vicisitudes que enfrentemos. ¿Quién es más grande, Dios o la enfermedad? ¿Dios, o aquel problema económico? ¿Dios, o aquella acusación injusta que nos han hecho?

Podemos tener la certeza de que, para los hijos de Dios, a pesar de las dificultades, habrá un final glorioso. Aunque estemos pasando en el presente por el fuego de la prueba, Dios no permitirá que seamos probados más que lo que podemos resistir. Estoy completamente persuadido de que para los hijos de Dios hay cosas mejores. Dios no va a permitir que muramos en el desierto de la prueba o de la derrota.

Cuando escribo este enunciado viene a mi mente un pasado todavía presente, el ejemplo de ese hombre con corazón de León, Martín Lutero. El 17 de abril de 1521 compareció ante la Dieta de Worms, un cuerpo de 204 reyes, príncipes y obispos de la iglesia. Entre ellos estaba Carlos V, monarca del Santo Imperio Romano. Hacía más de ocho meses que Lutero había sido condenado por el papa León X, pero la reunión de Worms era la oportunidad que tenía para repudiar sus escritos y salvarse de la muerte. Era una hora dramática para este humilde monje y profesor universitario de origen proletario.

En una mesa estaban amontonados los libros que Lutero había escrito. Le preguntan: "¿Has escrito estos libros?, ¿estás dispuesto a repudiar las doctrinas contrarias a la doctrina católica contenidos en estos libros?". Lutero pidió tiempo para reflexionar y orar y su petición fue concedida. Oró desesperadamente toda aquella noche, fue una lucha en la que parecía que Satanás y todas las huestes del infierno le atacaban. Al día siguiente, cuando comparece de nuevo ante este tribunal, se le pregunta si se retractaba o no de sus escritos. Y él respondió demostrando su temple perseverante: "Mi conciencia está sujeta a la Palabra de Dios, a menos que me convenza por las Escrituras y sana razón, no me retractaré, al hacerlo no sería justo ni seguro. Heme aquí. No puedo hacer otra cosa. Ayúdame, Dios, amén". Carlos V decretó que Lutero fuera detenido y quemado públicamente. Sabemos el fin de la historia, Dios guardó a este hombre milagrosamente y después murió de una enfermedad en febrero de 1546. ¡Qué ejemplo de perseverancia en medio de la adversidad nos legó Martín Lutero! Este es el metal del que están formados aquellos que disfrutan de una vida en abundancia. No se desvían de su propósito por más grande que sea el sufrimiento o las pruebas que enfrente.

La experiencia más extraordinaria que podemos tener como seres humanos es saber que en Dios tenemos una vida de propósito en la tierra y un futuro eterno en el cielo. Vivir consciente de esto nos da cada día las fuerzas y la convicción de que podemos alcanzar cosas extraordinarias; por más grande que sea el sufrimiento o las pruebas que enfrentemos, si perseveramos, ninguna circunstancia nos podrá limitar.

Como ya lo hemos dejado planteado, ser perseverantes implica esfuerzo, constancia y voluntad. Es una virtud que nos ayuda a superar los contratiempos que se presentan en el camino y a no rendirnos hasta lograr nuestros objetivos. Aquellas personas que son persistentes tienen más posibilidades de alcanzar sus metas en un mundo cada vez más competitivo.

Los cementerios no sólo están llenos de restos de personas muertas, sino también de sueños y visiones muertas. De gente que no luchó por alcanzar sus metas; tal vez lo intentaron, pero frente a las adversidades se dieron por vencidas. Sé tú persistente, sé audaz, no te rindas, levántate las veces que sea necesario, lucha por alcanzar tus sueños, has nacido para ser un campeón. El mundo necesita seres de calidad humana que sean colaboradores de Dios en su obra magistral en la tierra, la cual apunta a rescatar y dignificar al ser humano.

Oración

Padre amado, tú has sido mi refugio y mi fortaleza. Gracias porque no me abandonas jamás, estás siempre con tu mano extendida listo para ayudarme en toda situación que enfrente. Me has dado fuerzas para superar cada momento difícil. Hoy te pido me ayudes a serte fiel y perseverar hasta el fin de mi vida sirviéndote. Amén.

Capítulo 10
La mejor inversión

Mientras escribo este apartado, hemos sido conmovidos por una tragedia lamentable ocurrida aquí en las costas de la Región de Los Lagos: siete personas murieron tras el naufragio de una embarcación turística a la altura de la ciudad de Osorno. También una veintena de personas fueron rescatadas tras un intenso operativo desplegado por funcionarios de la Armada de Chile. Se dice que el hecho ocurrió mientras volvían de un paseo familiar aprovechando los hermosos días de verano. Las autoridades señalan que la lancha se habría volcado debido a una sobrecarga de pasajeros. Dos de las víctimas fatales eran adolescentes.

Hechos como éstos nos hacen pensar en la fragilidad de la existencia humana. Desde el día que nacemos nuestra vida tiene fecha de caducidad, aunque desconocemos el día y la hora; y a pesar de que en muchos casos es difícil aceptarlo esto es parte del ciclo de la vida.

¿QUÉ SIGNIFICA LA MUERTE PARA TI?

No puedo terminar estas páginas donde he intentado hablar de la plenitud de la vida, sin referirme a esta verdad incuestionable: la realidad de la muerte. Ahora nuestra charla apuntará a mirar de una manera serena la transitoriedad de nuestra existencia terrenal y lo importante que es invertir en la eternidad.

Reflexionar sobre la muerte es meditar sobre la vida misma debido a que desde el momento en que nacemos ya iniciamos el viaje a enfrentarnos con esta realidad. La marcha para algunos dura más que para otros, pero el viaje es seguro que llegará a la última estación donde todos tenemos que hacer el trasbordo. Este es el suceso inevitable que nos conecta con la trascendencia eterna.

Para algunos es entendida como un proceso de pérdida donde se experimentan emociones de tristeza y de duelo. Para otros, consiste en el último hito, la aniquilación completa, lo que significa dejar de existir, porque después de la muerte no hay otra vida. Esta es la creencia de muchos agnósticos y ateos. Hay otros que creen que es el paso a la reencarnación o el inicio de una nueva vida en un cuerpo o forma física diferente. Esta es la creencia de la religión hindú y los del movimiento de la Nueva Era. Hay otra creencia que se define como el purgatorio, un lugar temporal de castigo para quienes, habiendo muerto, están en pecado.

Los cristianos tenemos la certeza que el alma y el espíritu, esa parte eterna del ser humano, a través de la muerte, abandonan el cuerpo y son llevados a uno de dos lugares: el paraíso, un sitio de descanso y paz, o al infierno, un lugar de dolor extremo separados de Dios. Los restos físicos de la persona vuelven al polvo de la tierra de la cual fue creado el primer hombre, Adán, pero quienes han servido a Dios son trasladados para estar con él para siempre.

La pregunta "¿qué significa para ti la muerte?" se la hice a una persona que está enfrentando una grave enfermedad, y reposadamente me respondió que "es una transición

inevitable, un proceso natural que todos, tarde o temprano, vamos a tener que enfrentar. Los seres humanos somos conscientes de esto, pero no le damos el real valor sino hasta que nos enfrentamos a un accidente o a una enfermedad grave como la que yo estoy sufriendo. Para mí, lo importante es morir en paz y con un enorme agradecimiento a Dios por haberme permitido vivir, conocerle a él, tener una hermosa familia y saber que la muerte no es el final, sino el inicio de un viaje que me conducirá a la eternidad". Luego agregó, "me siento listo para enfrentar la muerte".

Esa vida plena de la que hemos tratado a lo largo de todo este texto, que se obtiene al encontrarnos con Jesús y hacer de él nuestro Señor, permite que la actitud ante la realidad de la muerte sea muy distinta a la de cualquier otro ser humano.

¡Esto es muy interesante! La paz llega cuando aprendemos a enfrentar estos momentos con resiliencia y no quedarse atrapado como víctima de las circunstancias. Esta es una verdad que no todos están dispuestos a aceptar, porque en la vida hay situaciones que no podemos controlar, golpes que son inesperados; la enfermedad y la muerte están dentro de esto. Sin embargo, cuando asumimos que todo eso es parte de la vida, comenzamos a mirarla desde otra perspectiva, dejamos de ser víctimas y encontramos propósitos aún en medio del dolor.

El apóstol Pablo nos enseña a mirar la muerte no como el final de todo, sino más bien la presenta como un proceso de transformación. Al escribir su carta a la iglesia en Corinto, le dice: *"...es necesario que esto corruptible se vista de incorrupción, y esto mortal se vista de inmortalidad"* (1ª. Corintios 15:53, RVR60). Esto significa que, cuando nuestro corazón deje de palpitar y nuestro cuerpo no dé señales de vida, habremos sufrido una metamorfosis, y ya no estaremos más limitados a este cuerpo que se cansa, que se enferma, que envejece y que se va deteriorando, sino pasamos a un estado de renovación o transformación.

Entonces, ¿qué es morir? Esta es una pregunta profunda y universal que los seres humanos se han hecho a través de todos los tiempos. Desde el punto de vista cristiano es solo un puente que nos une a algo más superior, como Pablo lo denomina, un proceso transformacional. Es solo dejar este cuerpo, un puñado de materia compuesto de elementos que pertenecen a la tierra y cruzar los portales de la eternidad. Como seres humanos todos tenemos una dimensión de vida trascendente, de manera que nuestra alma y espíritu nunca morirá, lo que se deteriora y finalmente termina es sólo esta estructura o "tabernáculo" donde nuestro verdadero yo se encuentra albergado.

Por tanto, la muerte es sólo un despertar a una realidad diferente. Hay quienes llaman a este proceso como "la vida más allá de la vida". De ahí que las personas que disfrutan de la vida plena no viven atrapadas por el miedo a la muerte, pueden hablar de ella con naturalidad porque cuando enfrentan este suceso entienden que sólo han sido trasladados a la esfera de la eternidad. Hay algo más grande y profundo que nos espera a quienes hemos puesto nuestra fe en Jesucristo. El Señor dijo: *"Les digo la verdad, todos los que escuchan mi mensaje y creen en Dios, quien me envió, tienen vida eterna. Nunca serán condenados por sus pecados, pues ya han pasado de la muerte a la vida"* (Juan 5:24, NTV).

Esa vida plena de la que hemos tratado a lo largo de todo este texto, que se obtiene al encontrarnos con Jesús y hacer de él nuestro Señor, permite que la actitud ante la realidad de la muerte sea muy distinta a la de cualquier otro ser humano. El rey David, dijo: *"Aunque ande en valle de sombra de muerte, no temeré mal alguno, porque tú estarás conmigo"* (Salmo 23:4, RVR60).

El apóstol Pablo nos exhorta, diciendo: *"Y ahora, amados hermanos, queremos que sepan lo que sucederá con los creyentes que han muerto, para que no se entristezcan como los que no tienen esperanza"* (1ª. Tesalonicenses 4:13, NTV).

Durante mi trayectoria ministerial me ha correspondido atender muchísimos funerales y he visto que hay quienes frente a este ciclo de la existencia caen en la desesperación, porque viven sin esperanza y separados de Dios. Pero en otras ocasiones la imagen es totalmente distinta cuando acompañamos a una familia cristiana a despedir a algún familiar que seguía a Cristo, ahí la actitud es diferente. Por supuesto hay dolor, porque la separación con nuestros seres queridos produce una tristeza enorme, pero ese momento se vive con serenidad, porque nos alienta la esperanza de la vida eterna y se experimentan los brazos de amor de Dios, dándonos seguridad y descanso.

Sin embargo, es importante señalar que el duelo producido por el fallecimiento de un ser querido es parte de un proceso natural como una respuesta a la partida de ese ser amado. Este es un tiempo en que amistades y familiares deben prestar ayuda, acompañando en el dolor, escuchando y permitiendo la expresión de las emociones de quienes sufren la separación. La muerte producto de una enfermedad o vejez tiende a ser un suceso más fácil de enfrentar que la muerte producto de un accidente, un asesinato o un suicidio.

Como seres humanos nos afanamos mucho en conseguir cosas materiales y nos esforzamos para lograr determinadas metas, y de una forma equivocada a eso llamamos vida abundante, pero ¿nos preparamos para enfrentar este suceso que estamos tratando? Tenemos plena conciencia de este trance que queramos o no lo vamos a enfrentar y aun así no modificamos nuestra forma de vida ni invertimos en la eternidad.

Quiero decirte que Dios te ama como nunca nadie te ha amado, inclusive sabiendo que eres imperfecto y que a través de tus acciones le has ofendido. No importa cuán lejos pienses que estás de Él, hoy te da una oportunidad para perdonarte si le pides perdón por todo lo que lo has ofendido. Cuando estamos a cuentas con Dios y vivimos una vida en santidad estamos haciendo la mayor inversión para la eternidad.

¡Fíjate lo que Jesús dijo a sus discípulos! *"No se angustien. Confíen en Dios, y confíen también en mí. En el hogar de mi Padre hay muchas viviendas, si no fuera así, ya se lo habría dicho a ustedes. Voy a prepararles un lugar. Y si me voy y se lo preparo, vendré para llevármelos conmigo. Así que ustedes estarán donde yo esté"* (Juan 14:1-3, NVI).

Pablo el apóstol, al final de su fructífera vida, escribió desde una cárcel en Roma, diciendo: *"Yo por mi parte, estoy a punto de ser ofrecido como un sacrificio, y el tiempo de mi partida ha llegado. He peleado la buena batalla, he terminado la carrera, me he mantenido en la fe. Por lo demás me espera la corona de justicia que el Señor, el juez justo, me otorgará en aquel día; y no solo a mí, sino también a todos los que con amor hayan esperado su venida"* (2ª. Timoteo 4:6-8, NVI). Notamos que en las palabras de Pablo no hay una expresión de sentimiento de miedo frente a la muerte, él ya había resuelto su dilema y podía vivir en una actitud de confianza.

Pero ¿qué pasa con nosotros cuando pensamos en esa hora final? El hombre por medio de la ciencia y la medicina trata de alargar los años de existencia queriendo huir de la muerte, pero por más que se aferre a esa idea irreal, nos llegará a todos el momento de acuerdo con los designios del Creador. Por eso, algún día cuando escuches que yo he muerto, no le des crédito, porque sólo me habré trasladado de casa y estaré más vivo de lo que estoy ahora.

¿HAY VIDA DESPUÉS DE LA MUERTE?

La visión humanista que abraza la mayoría de las personas sólo cree en aquello que se puede ver y tocar, y rechaza lo que es intangible, como lo es la vida después de la muerte. Pero la realidad es otra, no es como algunos creen que la muerte es el final de la vida. Más bien es el trance que nos abre un horizonte que nos introduce a la eternidad. Como bien lo definió el filósofo y teólogo danés Aabye Kierkegaard: "El ser humano es una síntesis entre lo temporal y lo eterno, de lo finito y lo infinito".

Cuando nuestro corazón deja de funcionar, el cuerpo inicia el proceso de descomposición, pero nuestra alma y nuestro espíritu, nuestro verdadero yo, no muere, sino que entra en otra dimensión. De manera que, para quienes creen en Cristo Jesús, la muerte no es el punto final de la existencia, sino el inicio de la vida eterna en el cielo con Dios.

Recordemos lo que dijo el apóstol Pablo: *"Me siento presionado por dos posibilidades: deseo partir y estar con Cristo, que es muchísimo mejor, pero por el bien de ustedes es preferible que yo permanezca en este mundo"* (Filipenses 1:23-24, NVI).

Del mismo modo como Cristo pasó de la muerte a la vida, quienes creen en Él pasarán por el mismo proceso. El Señor Jesús, frente a la muerte de su amigo Lázaro, hizo a Marta una declaración solemne con relación al tema que tratamos. "*Él le dijo: Yo soy la resurrección y la vida. El que cree en mí vivirá aún después de haber muerto. Todo el que vive en mí y cree en mí jamás morirá*" (Juan 11:25-26, NTV).

Lo que voy a compartir a continuación lo hago sólo desde la perspectiva de una experiencia personal que me permitió hacerme una idea de cómo será nuestra existencia después de la muerte y en ninguna manera lo expreso como una doctrina o algo similar.

Hace un par de años pasé por una situación muy particular, que para algunos puede ser subjetiva, pero para mí fue un suceso que me dejó una lección. Fui sometido a una cirugía médica por algunos problemas que venía teniendo en mi salud física. Después del tiempo que duró el procedimiento, volviendo del efecto de la anestesia, desperté sin deseos de volver a mi estado de conciencia real. En la medida que pude abrir mis ojos me di cuenta de que al lado de la camilla donde estaba en la sala del postoperatorio, dos damas me observaban con mucha atención. Una de ellas me preguntó: "Don Jenaro, ¿cómo se siente?". Y en la medida que pude le respondí: "Muy bien, muy bien, pero no quería volver del lugar donde estuve".

Le comenté una experiencia extraordinaria que había vivido durante el proceso de la cirugía. Me vi ascendiendo una gran cumbre cubierta de un blanco semejante a la nieve, pero en la medida que ascendía ya en la planicie el color fue cambiando a un azulino casi transparente. Cuando llegué a ese lugar observé todo tan bello y un ambiente que me llenó de una sensación de enorme tranquilidad y paz interior. Miré a mi alrededor, porque me sentía como flotando en el aire observando un paisaje maravilloso. En medio de ese ambiente vi algo que me llamó la atención, la imagen de un ser humano que resplandecía al grado que difícilmente podía mirarlo. Entendí que esa figura era Jesús, quien acercándose a mí me dice "es hora de que regreses"; yo le respondí: "Señor, me siento tan bien aquí que no deseo volver". Pero ese ser luminoso con una voz muy suave y amorosa me respondió: "Debes volver, porque aún tienes que seguir hablando de mí en la tierra, hay muchos que deben oírte". Después desapareció de mi vista.

Posteriormente, fui descendiendo y despertando con la sensación de que hubiera deseado quedarme en ese lugar. Cuando la enfermera volvió a preguntarme cómo me sentía, le dije "feliz, no deseaba regresar, porque ese lugar es muy hermoso y me sentía con una paz inexplicable". Le comenté del encargo que me había hecho aquella persona con quien me había encontrado. Pronto llegó a la sala uno de mis hijos; al verlo le compartí la vivencia que había tenido, aún me sentía bajo la sensación de lo ocurrido.

¡Fue algo tan bello, difícil de expresar! Pero me pregunto hasta hoy: ¿será así la eternidad? Un lugar con un ambiente tan hermoso y sereno donde reina una paz inexplicable como lo que viví en esa experiencia. En aquella ocasión se me hizo tan real pensar en la muerte no como el fin de nuestra existencia, sino como el viaje hacia el lugar donde estaremos con el Señor para siempre.

Todo lo que nos rodea es temporal, estas cosas que tanto amamos, nuestro cuerpo, todo lo que hemos adquirido, nuestras relaciones, nuestra posición en el mundo, todo es fugaz y pasajero. Pero la vida plena nos lleva a considerar lo significativo y valioso que es la eternidad que nos espera y a visualizar nuestra existencia terrenal como si éste fuera nuestro último día aquí en la tierra.

¿CÓMO ENFRENTAR LA MUERTE?

El temor a la muerte es una de las emociones más comunes a través de la historia humana; hay diferentes actitudes frente a este miedo, desde quienes evitan incluso visitar el cementerio, porque se sienten angustiados, otros temen a su propia muerte o a la muerte de algún ser querido, hay quienes se le desencadena tal preocupación que terminan en un trastorno de angustia y ansiedad pensando en ello. Vivir con la incertidumbre por algo que es inevitable es asumir una carga innecesaria y lo que debemos hacer es cambiar el miedo en confianza.

¿Cuál es el antídoto contra el temor? ¡La fe! La fe es tan esencial para el ser humano como lo es el aire para respirar; se trata de esa capacidad de confiar que, aunque estemos en la peor oscuridad, siempre brillará a nuestro favor la luz de Dios. Nos ayuda a encontrar paz aún en los tiempos más difíciles y nos fortalece en los momentos más oscuros. Frente a la realidad de la muerte, cuando parece que todo se termina, la fe nos permite mantener la esperanza de contemplar la muerte como una puerta a la vida eterna.

En un acto de sinceridad creo necesario transparentar que, a mi edad, tengo setenta y cinco años, no temo dar este salto de muerte, porque sé que al final la voy a enfrentar en paz y esperanza, pero en lo que he reflexionado en más de una vez es en el proceso mismo, es decir la enfermedad y el sufrimiento que por lo general conlleva; a la vez, en el

¿Cómo está tu relación con Dios? Esta es la gran pregunta y lo primero que debes resolver.

impacto emocional que producirá en mis seres más cercanos y amados.

Creo muy importante enfrentar este suceso con naturalidad, entendiendo que en alguna parte aquí en la tierra el camino se termina. Lo seguro es que nadie sabe cuándo y cómo esto ocurrirá. Esa certeza de lo incierto de un futuro desconocido es lo que produce en la mayoría de las personas inquietud y miedo, pero debería ser ésta una oportunidad para acercarnos a Dios, apoyarnos en su fuerza y experimentar su amor y fidelidad. A través de la oración podemos llevar nuestras tristezas y cargas a Dios. Pablo dice: *"No se preocupen por nada; en cambio, oren por todo. Díganle a Dios lo que necesitan y denle gracias por todo lo que él ha hecho. Así experimentarán la paz de Dios, que supera todo lo que podemos entender"* (Filipenses 4:6-7, NTV).

Un hecho real es que muchas personas viven como si nunca fueran a morir, y por eso no toman conciencia de que tienen que prepararse para ello; especialmente, ponerse a cuentas con Dios y dejar bien arregladas las cosas con la familia, amigos u otras personas.

Un aspecto para considerar en la manera de enfrentar la muerte es no incurrir en el temor irracional que nos lleva a estados ansiosos y perjudiciales para nuestra salud mental, ya que debemos ser conscientes de que la muerte no es algo que podamos controlar. Lo que sí está en nuestras manos es vivir de la mejor manera posible, no dejando cosas pendientes y buscando de qué manera podemos trascender en quienes nos rodean.

Las Escrituras dicen: *"Piensen en las cosas del cielo, no en las de la tierra"* (Colosenses 3:2, NTV). En la mayoría de los casos, las personas pasan el tiempo trabajando y esforzándose tanto para lograr algunas cosas materiales, de tal forma que no tienen tiempo de pensar como dice Pablo en las "cosas del cielo"; es decir, en lo eterno. Pero quienes viven la vida plena disfrutan el hoy y el ahora, pero se preparan para enfrentar el proceso de morir. Se entregan a lo trascendente e invierten en la eternidad.

Ahora deseo dejarte con una pregunta: *¿Cómo estás invirtiendo en la eternidad?*

¿Cómo está tu relación con Dios? Esta es la gran pregunta y lo primero que debes resolver. Necesitas estar en paz con él, y la única manera que tienes para hacerlo es a través del sacrificio de Jesús en la cruz. Las Escrituras dicen: *"Por tanto, ya que fuimos declarados justos a los ojos de Dios por medio de la fe, tenemos paz con Dios gracias a lo que Jesucristo nuestro Señor hizo por nosotros"* (Romanos 5:1, NTV).

Posteriormente, dar testimonio de tu fe a otras personas, participando en alguna comunidad cristiana para que te enseñen cómo servir a Dios, estudiando las Escrituras y observando sus principios. Ayudando a los más necesitados a través de los bienes materiales que tengamos e invirtiendo en otras personas, dando por gracia lo que por gracia hemos recibido y viviendo cada día como si fuera el último de nuestra existencia terrenal.

Cuando tengamos que enfrentar la muerte vamos a seguir viviendo de dos maneras: en la eternidad con Jesús y en los corazones de aquellos a quienes hemos servido. Primero, nuestro futuro se extiende más allá de la tierra, Jesús nos enseña del cielo un lugar donde pasaremos con él la eternidad, esa es mi esperanza. Lo segundo, si hay algo por lo que debiéramos también preocuparnos es ¿cómo quisieras que te recordaran tus familiares y tus seres más cercanos? A mí me encantaría que la gente me recordara como alguien que amó la vida, que luchó por alcanzar sus sueños, por tener una actitud de servicio desinteresado hacia los demás, por amar a mi familia y por sobre todo a Dios. En definitiva, me gustaría ser recordado como alguien que dejó una huella positiva en el mundo y en el corazón de aquellos que tuve la bendición de conocer.

Vive la vida como si fuera este tu último día, aprovecha cada momento para disfrutarlo, concéntrate en lo que realmente importa, llora si es necesario por lo que realmente vale la pena, ríe y gózate por las cosas significativas que marchan bien. Todos podemos tener un día gris o una mala racha, pero lo relevante es que cada día nos trae nuevos objetivos y desafíos que le dan lozanía a nuestra existencia.

Conversaba por teléfono con una persona que conocía desde hace algunos años; él vivía con su familia en otra ciudad. Quedamos en juntarnos para charlar un rato, pero un par de días después, cuando miré mi celular en la mañana, en Facebook apareció la noticia de que había fallecido. ¡No lo podía creer! Estaba sano, y según me dijo, tenía muchas expectativas en relación con su futuro, pero un paro cardiaco truncó todo. Así de tan efímera es nuestra existencia terrenal. Habrá un día en el que a todos nos llegará la hora y nuestro reloj se detendrá.

Algunas palabras finales para reflexionar: el lugar donde pasarás la eternidad y cómo serás recordado cuando ya no estés en este mundo, solo lo decides tú.

Lo otro, somos seres inmortales. La parte espiritual del hombre vivirá para siempre, ya sea junto a Dios en el cielo o separado de él para siempre. Estar junto a Dios por la eternidad será la culminación de la vida plena. Por el contrario, estar separado de Dios por siempre es la existencia más espantosa que podemos imaginar; no podemos dimensionar lo horrendo que será vivir en total separación de la presencia de Dios. Por ello, no hay nada de más valor que invertir en la eternidad.

Oración

Amado Señor Jesús, sé que mediante tu muerte en la cruz y tu resurrección de entre los muertos, me aseguraste la promesa de la vida eterna. Solo en ti deposito mi esperanza para encontrar un lugar seguro a la hora de mi partida de este mundo. Qué alegría inmensa es saber que con la muerte no se termina todo, sino que recién empieza la verdadera vida en abundancia que tú nos has prometido. Señor, ayúdame a permanecer fiel a ti hasta el final de mis días aquí en la tierra. Amén.

Palabras finales

La vida en plenitud que hemos tratado a lo largo de estas páginas se resume como aquella existencia que se abre camino desde una experiencia personal, íntima y constante con Dios, quien es la fuente de la vida misma; y que nos lleva a enfrentar cada momento con un alto sentido de propósito; que nos impulsa a convertirnos en la mejor versión de nosotros mismos, en el entendido de que hemos sido creados con un fin superior y trascendente que va más allá de sólo existir.

Por tanto, es tuya y mía la decisión de caminar o no en esa dimensión de vida victoriosa que Dios diseñó para nosotros cuando fuimos creados.

Cuando decidimos caminar en conexión con el dador de la vida, toda nuestra existencia cambia. Cambian nuestras motivaciones, nuestros sueños, nuestros hábitos, nuestra visión; en fin, cambia nuestra perspectiva de la vida aquí en la tierra y de nuestro destino eterno.

Por tanto, es tuya y mía la decisión de caminar o no en esa dimensión de vida victoriosa que Dios diseñó para nosotros cuando fuimos creados.

Vivir en plenitud es vivir una existencia dinámica que nos saca de nuestros propios intereses y nos enfoca a mirar a nuestro alrededor con gratitud, y centrarnos en servir a los demás a través de la práctica de hábitos que ennoblecen nuestra existencia y nos hacen sentir realizados.

Este estilo de vida no llega como por arte de magia, sino más bien es algo que se debe cultivar a partir de esa fuerza transformadora emanada del Creador.

En conclusión, vivir en plenitud es experimentar el desafío de vivir en el centro del equilibrio espiritual, emocional y social, lo que se traduce en una mayor satisfacción con la vida, valorando al máximo cada momento, y finalmente a la hora de abandonar este mundo enfrentar este suceso en paz, considerando la muerte no como un fin absoluto, sino como una transición a un nuevo estado de existencia.

Vivir en Dios es vivir en plenitud.

Carta a mi yo del pasado

Querido yo del pasado,

Tal vez te sorprenda esta carta, pero este libro ha sido escrito para ti. Hace tiempo deseaba compartirte algunas experiencias de vida, de las miles que me han ocurrido, desde ese tiempo que te dejé cuando eras un adolescente cargado de sueños e ideales. Mi idea ha sido siempre ayudarte a vivir una vida plena.

La verdad es que las horas fugaces pasaron silenciosas mientras atravesé las estaciones del viaje de la vida. Cada etapa trajo consigo sus propios desafíos y beneficios.

¡No ha sido fácil! El camino recorrido no ha estado exento de dificultades, pero lo importante es que aquellos sueños que tenías en el tiempo de tu mocedad, paso a paso, se fueron haciendo realidad.

En la primavera, mirando el futuro con temor, encontré las huellas de un caminante que se transformó en mi guía. Me enseñó la importancia de la trascendencia humana y la alegría de vivir en plenitud. Me enseñó a reír aún en medio de las lágrimas y a luchar incansablemente por nuestros ideales. Colocó a mi lado a una mujer maravillosa en cuyo hombro encontré descanso, a tres hijos que son nuestra herencia y a seis nietos que son la extensión de nuestros sueños y nuestra corona de honra.

Disfruté de la maravilla de la creación, abrazando con intensidad cada momento, dejando una huella, sin borrar la que otros han dejado. Encontré la fortaleza de los hombres fuertes y aprendí que los momentos difíciles son eslabones que nos ayudan a alcanzar nuevos desafíos.

A la hora de mi retirada, cuando la cita con la vida aquí en la tierra llegue a su final, lo haré en paz y esperanza. Divisaré el esplendor de un nuevo amanecer bordado con mil colores del cielo eterno.

Al dedicarte estas líneas quiero decirte que, aunque a veces pensaste que la vida era demasiado abrumadora, nunca te rendiste y ahora ya al final del recorrido quiero dejar este tiempo para hablarte de las cosas bellas, de las personas lindas que he conocido y situaciones hermosas que he enfrentado durante años a lo largo del tiempo.

Querido yo del pasado, valió la pena el intento, con Dios descubrí el arte de vivir en plenitud.

Bibliografía recomendada

—Santa Biblia, NTV.

—*Meditaciones del Quijote*, José Ortega y Gasset. Edición de Julián Marías.

—*Un hombre en busca de sentido*, Viktor Frankl. Editorial Herder.

—*El campo de batalla de la mente*, Yoyce Meyer. Editorial Unilit.

—*Los siete hábitos de la gente altamente efectiva*, Covey Leadership Center. Ediciones Paidós Ibérica, S.A. Barcelona.

—*Piense para obtener un cambio*, John C. Maxwell. Casa Creación.

—*Una sociedad líquida*, Zygmunt Braunan. Fondo de Cultura Económica, Chile S.A.

—*Hábitos atómicos*, James Clear. Editorial Planeta Chilena S.A.

—*Sobre la brevedad de la vida*, Séneca. Impreso en España.

—*Recupera tu mente, reconquista tu vida*, Marian Rojas Estapé. Editorial Planeta Colombiana S.A.

OTROS TÍTULOS DEL AUTOR

El perfil de un líder (2010)

En un lenguaje ameno e inspirado, *El perfil de un líder* ofrece un marco conceptual acerca del liderazgo eclesial que invita a la reflexión y al análisis.

El autor vierte aquí gran parte de su experiencia en el campo del liderazgo, conceptos y vivencias valiosas que sin duda harán una importante contribución a quienes han determinado servir a otras personas a través del ministerio cristiano.

Huellas del sembrador (2017)

Una excelente colección de reflexiones acerca del liderazgo cristiano, presentadas en un lenguaje directo y motivador.

Huellas dejadas al caminar y enseñanzas que sirven de inspiración para vivir un servicio efectivo, comprometido y vigoroso.

Herramientas para revitalizar la visión del liderazgo cristiano.

El llamado al ministerio
Cualidades esenciales de un líder espiritual
El liderazgo y el crecimiento de la iglesia
Impedimentos para el desarrollo de los ministerios
El legado generacional
El desafío actual de la iglesia
Visión renovada
…y más.

Una Iglesia relevante para una sociedad en cambio (2020)

A la Iglesia actual le toca enfrentar un proceso histórico navegando con vientos adversos.

¿Cómo la Iglesia puede seguir siendo un organismo trascendente y resistir los vientos que soplan contra la fe cristiana?

La sociedad ha cambiado, nuestro mundo no es el mismo de hace unos años, la Iglesia está frente a un nuevo escenario y tiene un gran desafío. **¡El cambio social que estamos viviendo nos obliga a detenernos y revisar lo que estamos haciendo!**

En las páginas de este libro se percibe el sabor profético de las advertencias divinas a detenernos de esa carrera frenética de religiosidad y activismo vacío, para examinar nuestra función como iglesia en cuanto al llamado de ser luz y sal de la tierra.

Antes de la cima (2023)
Principios y experiencias en el liderazgo

Prácticas y herramientas que nos ayudarán a tener vidas y liderazgos excelentes y efectivos.

Subir la montaña es una metáfora de la vida, alcanzar la cima representa el destino donde queremos llegar.

Al igual que en el deporte, escalar la montaña de la vida es un reto constante que demanda exigencias no sólo físicas, sino también mentales, emocionales y espirituales. Lo cierto es que todos en algún momento habremos de llegar al final de nuestra ruta; lo importante es cómo llegamos y qué huellas dejamos.

www.ingramcontent.com/pod-product-compliance
Lightning Source LLC
LaVergne TN
LVHW051836080426
835512LV00018B/2910